Gewidmet
meiner Ururururoma
Anna Maria Felsing,
geborene Hartmann.
Wäre sie mit ihren Kindern
an Bord gegangen,
gäbe es dieses Buch nicht.

Jetzt fahrn wir... Übersee!

Der Podcast des Geschichtsvereins Lastoria
übers Auswandern von Hessen
nach Nordamerika

Monika Felsing

Bibliografische Information der Deutschen Nationalbibliothek
Die Deutsche Nationalbibliothek verzeichnet diese Publikation
in der Deutschen Nationalbibliografie; detaillierte bibliografische
Daten sind im Internet über www.dnb.de abrufbar.

Gestaltung: Wolfgang Rulfs
www.wolfgang-rulfs.de

Erstauflage 2024: Otto Landwehr GmbH, Bremen.
Erweiterte, überarbeitete Neuauflage:
Verlag: BoD · Books on Demand GmbH, Überseering 33, 22297
Hamburg, bod@bod.de
Druck: Libri Plureos GmbH, Friedensallee 273, 22763 Hamburg

Covermotiv: Das Auswandererdenkmal in Bremerhaven.

ISBN: 978-3-7693-5697-7

Inhalt

Anmerkungen zu den einzelnen Podcastteilen:

Vorwort

Wie viel Hessen steckt in den USA? Wer sich mit Familiengeschichte beschäftigt, lernt Menschen kennen. Menschen, die Entscheidungen getroffen haben: Bleiben oder gehen? Das eigene Dorf, die eigene Kleinstadt, die eigene Stadt verlassen und einen Schritt ins Ungewisse wagen, ins Nichts vielleicht, in eine Fremde, in der die eigenen Wurzeln, die eigene Sprache nichts mehr zählen. In ein Land, in dem niemand weiß, wer du warst, während du nicht weißt, wer du sein wirst.

Unser Bremer Geschichtsverein Lastoria hat in den vergangenen Jahren drei Hörbücher und einen Podcast veröffentlicht: Das Hörbuch „Friedrich Ludwig Weidig" über die deutsche Sozialrevolution, Friedrich Ludwig und Amalie Weidig, die Ober-Gleener Petition zur Freilassung des politischen Gefangenen und die Polizeiverhöre, das es auf meiner Website auch als kurzes Hörstück gibt. Das Hörbuch über den Ersten Weltkrieg auf der Grundlage der Postkarten der vier Brüder Schneider aus Ober-Gleen. Das Hörbuch „Jiddisch Leben" über jüdisch-hessische Geschichte. Und den vierteiligen Podcast über unsere deutsch-niederländische Geschichtswerkstatt „Deutschland auf der Flucht. Exil in Amsterdam 1933-1945" in der Villa Ichon (Bremen) im Jahr 2022. Für die Hörbücher haben Profis und Laien an unserem Küchentisch oder bei sich zu Hause Dokumente und Erzählstücke aus verschiedenen Jahrhunderten eingelesen und sind unversehens in die Geschichte des 19. und 20. Jahrhunderts eingetaucht. Diese Erfahrung wollen wir mit anderen teilen.

Der Podcast „Jetzt fahrn wir... Übersee" hat langsam Fahrt aufgenommen. Ganz langsam. Das Manuskript war im Sommer 2022 fertig. Zum ersten Mal, wenn man so will. Ein Jahr später, im Sommer 2023, hat die Genealogin und Bloggerin Susan Eldridge, geborene Badenhausen, auf meine Mail reagiert. Und aus dem hessisch-bremischen ist ein transatlantisches Projekt geworden.

Das Manuskript der deutschen Urfassung veröffentlicht unser Geschichtsverein Lastoria unabhängig von der englischen Fassung, die in den USA und Deutschland gelesen und aufgenommen worden ist. Ich habe auf die Archive unserer Projekte zurückgegriffen, O-Töne, Musik und Rechercheergebnisse zusammengefügt und um weitere Informationen ergänzt. Gemeinsam gehen wir auf die Reise nach Übersee. In wessen Schuhen hätten wir stecken wollen, wessen Geschichte berührt uns auf besondere Weise? Und was haben all diese Schicksale mit der aktuellen Situation zu tun? Machen wir uns auf den Weg, von Hessen über Norddeutschland nach Nordamerika.

Jetzt fahrn wir... Übersee.

Aus der Not heraus nach Amerika

Hessische Landesflüchtige im 19. und im frühen 20. Jahrhundert

Edds foahrn merr... Ewwersee!
(Oberhessischer Dialekt, Mundart von Ober-Gleen)

Edds foahrn merr: Ewwersee, Ewwersee!
Edds foahrn merr ewwer...!
Edds foahrn merr Ewwersee, Ewwersee!
Mir foahrn nooch Ewwersee!
Off so emm aale Seechler,
Seechler, Seechler, Seechler,
off so emm aale Seechler.
Es Schaire, doas dudd...
Off so emm aale Seechler,
Seechler, Seechler, Seechler,
off so emm aale Seechler.
Es Schaire, doas dudd wieh!

Es gidd voo Breme luus, Breme luus,
es gidd voo Breme...
Es gidd voo Breme luus, Breme luus,
es gidd voo Breme luus!
Auf, pagg èmo dai Sache,
Sache, Sache, Sache,
auf, pagg emo dai Sache,
die Nuud eas hieh sè...
Auf, pagg emo dai Sache,

Sache, Sache, Sache,
auf, pagg emo dai Sache,
die Nuud eas hieh sè gruus!

Ach, wiern merr nur schuh doadd,
nur schuh doadd,
ach, wiern merr nur schuh....
Ach, wiern merr nur schuh doadd,
nur schuh doadd,
ach, wiern merr nur schuh doadd.
Mir mache ins voom Agger,
Agger, Agger, Agger!
Ean Hesse ins voom Agger,
mir mache ins edds...
Mir mache ins voom Agger,
Agger, Agger, Agger!
Ean Hesse ins voom Agger,
mir mache ins edds foadd!

On wann merr oo Boadd gieh, oo Boadd gieh,
on wann merr oo Boadd...
On wann merr oo Boadd gieh, oo Boadd gieh,
on wann merr oo Boadd gieh,
dann gidd's eans Zweschedegg,
Zwesche-, Zweschedegg, Zweschedegg,
dann gidd's eans Zweschedegg,
bai die Lois on die...
dann gidd's eans Zweschedegg,
Zwesche-, Zweschedegg, Zweschedegg,
dann gidd's eans Zweschedegg,
bai die Lois on die Flieh.

Jetzt fahrn wir übers Meer, übers Meer

Jetzt fahrn wir übers Meer, übers Meer
jetzt fahrn wir übers...
Jetzt fahrn wir übers Meer, übers Meer
jetzt fahrn wir übers Meer!
Auf so nem großen Segler,
Segler, Segler, Segler,
auf son nem großen Segler,
das Scheiden, das tut...
Auf so nem großen Segler,
Segler, Segler, Segler,
auf so nem großen Segler,
das Scheiden, das tut weh!
Es geht von Bremen los, Bremen los,
es geht von Bremen...
Es geht von Bremen los, Bremen los,
es geht von Bremen los!
Auf, pack mal deine Sachen,
Sachen, Sachen, Sachen,
auf, pack mal deine Sachen,
die Not ist hier zu...
Auf, pack mal deine Sachen,
Sachen, Sachen, Sachen,
auf, pack mal deine Sachen,
die Not ist hier zu groß!

Ach, wärn wir nur schon dort,
nur schon dort,
ach, wärn wir nur schon...
Ach, wärn wir nur schon dort,
nur schon dort,

ach, wärn wir nur schon dort.
Wir machen uns vom Acker,
Acker, Acker, Acker!
In Hessen uns vom Acker,
wir machen uns jetzt...
Wir machen uns vom Acker,
Acker, Acker, Acker!
In Hessen uns vom Acker,
wir machen uns jetzt fort.

Und wenn mir an Bord gehn, an Bord gehn,
und wenn wir an Bord...
Und wenn mir an Bord gehn, an Bord gehn,
und wenn wir an Bord gehn,
dann geht's ins Zwischendeck,
Zwischen-, Zwischen-, Zwischendeck,
dann geht's ins Zwischendeck,
zu den Läusen und ...
dann geht's ins Zwischendeck,
Zwischen-, Zwischen, Zwischendeck,
dann geht's ins Zwischendeck,
zu den Läusen und Flöhn.

Auf und davon. Hessinnen und Hessen haben sich vom
Acker gemacht. Mit Kind und Kegel sind sie fort: weit,
weit weg, über Bremen, manche auch über Hamburg, nach
Amerika. Wir wollen einige ihrer Geschichten erzählen
und drehen die Zeit um etwas mehr als zwei Jahrhunderte
zurück, nicht ganz bis zu den acht Jahren des amerikanischen Unabhängigkeitskrieges, 1775 bis 1783, als der
Landgraf von Hessen-Kassel Tausende seiner männlichen

Untertanen als Soldaten an die Briten vermietet hat und sie in Kassel bei der Parade zum Abschied sangen:

Juchheißa, nach Amerika!
Dir, Deutschland, gute Nacht!
Ihr Hessen, präsentiert´s Gewehr,
der Landgraf kommt zur Wacht!
Ade, Herr Landgraf Friedrich,
du zahlst uns Schnaps und Bier.
Schießt Arme, Mann und Bein uns ab,
so zahlt sie England dir.
Ihr lausigen Rebellen, ihr,
gebt vor uns Hessen acht!
Juchheißa, nach Amerika!
Dir, Deutschland, gute Nacht.

Vier Jahrzehnte später lassen sich zwei Hanauer Gelehrte in Kassel von Frauen Märchen erzählen. Eines handelt von vier zum Tode Verurteilten, die das Weite suchen, und beginnt so:

„Es hatte ein Mann einen Esel, der ihm schon lange Jahre treu gedient, dessen Kräfte aber nun zu Ende gingen, sodass er zur Arbeit immer untauglicher ward. Da wollt ihn der Herr aus dem Futter schaffen, aber der Esel merkte, dass kein guter Wind wehte, lief fort und machte sich auf den Weg nach Bremen; dort, dachte er, kannst du ja Stadtmusikant werden.“

Landesflüchtige werden der Esel, der Hund, die Katze und der Hahn in der Ausgabe der „Kinder- und Hausmärchen“ von 1819 noch genannt. Weit sind sie nicht gekommen.

Nicht einmal bis Bremen, um genau zu sein. Millionen von Menschen aber treibt die Not über die Grenzen des heutigen Deutschland hinaus, in Länder, über die sie wenig wissen. Die einen ziehen über Land nach Polen, Litauen, Russland oder Ungarn. Die anderen wagen sich über den Atlantik, emigrieren nach Brasilien oder Nordamerika. Schon 1819 gibt es eine „Verordnung betreffend die Auswanderung von Untertanen nach Amerika, insbesondere das Verhalten der Polizeidirektion der freien Stadt Bremen bei missglückten Auswanderungsvorhaben". Ob selbst entziffert, weitererzählt oder vorgelesen: Alles wird begierig verschlungen. Im Alsfelder Wochenblatt schaltet der Bremer Reeder Friedrich Jacob Wichelhausen im März 1835 folgendes Inserat:

„Bekanntmachung. Sämtliche von mir im vorigen Jahre mit Passagieren nach den Vereinigten Staaten von Amerika abgefertigten Schiffe sind nicht allein glücklich und nach einer Reise von 35 bis höchstens 45 Tagen dort angekommen, sondern es haben auch die Passagiere ihre vollkommene Zufriedenheit mit der Überfahrt, mit der Behandlung des Schiffs-Capitains und den an Bord erhaltenen Lebensmitteln durch ein schriftliches Zeugnis dargetan, welches mich dann auch veranlasst hat, den Schiffs-Capitains die ihnen in diesem Fall zugesicherte Gratifikation auszahlen zu lassen. Herr Werner Ramspeck junior hat die Güte gehabt, die Agentur für mich in der dortigen Gegend zur Annahme von Passagieren zu übernehmen. Und (so) ersuche ich daher alle diejenigen, welche dieses Jahr zu den Vereinigten Staaten von Amerika abzureisen gedenken, sich baldigst an diesen Herrn zu wenden. Derselbe ist bevollmächtigt, das Hand- oder Draufgeld für meine Rechnung in Empfang zu nehmen und sich mit den Passagieren über die Bedingungen der Überfahrt zu verständigen."

Manche Gemeinden bezahlen ihren Armen und anderen, die sie loswerden wollen, sogar die Überfahrt. Wie Großen-Buseck. 142 mittellose Männer, Frauen und Kinder werden 1857 neu eingekleidet und nach Nordamerika abgeschoben. Mehr als 13.000 Gulden bringt die Gemeinde dafür auf. In seinem Beitrag über „Auswanderer aus dem Kirchspiel Maulbach" in den Mitteilungen des Geschichts- und Museumsvereins Alsfeld nennt Wolfgang Seim weitere Beispiele für die Armenabschiebung. Seine wichtigste Quelle waren die Auswandererlisten von Karl Geisel im Stadtarchiv Alsfeld. Unter denen, die das Land auf Kosten ihrer Heimatgemeinde verlassen, war demnach der 28-jährige Balthasar, ein Bettler, den die Dannenröder 1854 vermutlich zu seiner älteren Schwester in die USA schicken. In einem Steckbrief von 1851 wird er als „geistesschwach" bezeichnet. Wenige Jahrzehnte später lassen die Behörden der Vereinigten Staaten geistig Behinderte nicht mehr einreisen.

Auch der Tagelöhner Johannes Weber, Mitte 50 aus Dannenrod, soll 1871 von seiner Gemeinde in die Neue Welt abgeschoben werden. Was nicht gelingt: Er hätte mit der „Christel" nach New York fahren sollen, aber er kehrt 1872 heim und behauptet, die Deutsche Gesellschaft der Stadt New York, die sich um Neuankömmlinge kümmert, habe ihn zurückgeschickt. Das nimmt ihm niemand ab. Ob er überhaupt in Bremerhaven an Bord gegangen ist?

Die meisten müssen ihre Passage selbst bezahlen oder begeben sich bei Amerikanern für Jahre in Schuldknechtschaft. Diese Form des Seelenhandels hat es auch in Brasilien gegeben. Eindringlich hat die „Gartenlaube" noch 1869 „Schulzen und Bürgermeister, Pfarrer, Schullehrer und Landärzte als Vertrauensmänner des Volks" vor diesem System gewarnt. In Nordamerika werden die modernen Leibeigenen Redemptioners genannt: Auslöslinge. Nach der Ankunft werden sie als Arbeitskräfte versteigert, Familien auseinander gerissen, Kinder von ihren Eltern getrennt, manchmal für immer. 1890 wird diese Form der Knechtschaft in den USA verboten. Aber auch ohne sie war und ist die Emigration ein lukratives Geschäft. Reeder, Agenten, Fuhrleute, Ausstatter, Gastwirte und Hoteliers, alle verdienen am Auswandern. Im Vogelsberg und angrenzenden Regionen gibt es gleich mehrere Anlaufstellen.

Der Storndorfer Frachtfuhrmann Heinrich Rausch ist seit 1828 dazu bevollmächtigt, Passagen zu vermitteln, wie aus seinem Inserat im Intelligenzblatt für den Kreis Alsfeld vom Februar 1848 hervorgeht, die im Ober-Gleener Dorfarchiv aufbewahrt wird: „Auswanderer nach Nordamerika können fortwährend auf guten soliden Dreimasterschiffen I. Klasse zu den billigsten Preisen befördert werden. Indem ich dieses zur Kenntnis der Auswanderungslustigen bringe, bemerke ich, dass ich nun seit fast 20 Jahren die Beförderung der Auswanderer nach Nordamerika zur größten Zufriedenheit der Auswanderer betreibe und deshalb als wirklicher Agent konzessioniert bin und eine angemessene Kaution gestellt habe. Ich übernehme die Beförderung

Gabriele Gonder Carey mit ihrem Mann und ihren Söhnen.

von hier bis Bremen mit meinem eigenen Geschirr und zu dem 1. und 15. eines jeden Monats."

Die Erwartungen sind groß, die Ungewissheit auch. Schon um 1830 singen sie in Deutschland:

Ach wie viele schöne Sachen
hört man aus Amerika.
Dorthin wollen wir uns machen,
das schönste Leben hat man da.

Bei uns ist's manchmal zum Erfriern,
und man kann kaum die Finger rührn.
Und dort ist es auch im Winter warm.
Am Holze kauft sich niemand arm.

Die größten Fische, die bekannt,
fängt man dort mit der bloßen Hand.
Die Karpfen sind, bei meiner Ehr',
oft einen halben Zentner schwer.

Die Schokolade wächst sogleich
und Zuckerrohr an jedem Teich.
Es ist fürwahr zu glauben kaum:
Die Wolle wächst auf jedem Baum.

Und als zum Hafen wir gekommen,
waren wir vor Kummer bleich!
Alles, was wir mitgenommen,
zahlten für die Fracht wir gleich.

Wir fuhren auf die hohe See,
und viele schrien „Ach und Weh!"

Und die Kinder sehn erbärmlich aus.
Ach, Vater, ach, Mutter, wann sind wir zu Haus?

Im Laufe der Jahrzehnte werden die Fahrtzeiten kürzer und die Überfahrt etwas komfortabler. In der Alsfelder Zeitung inserieren Bremer Reeder im März 1841:

„Benachrichtigung für Auswanderer nach Nord-Amerika. Die Unterzeichneten bringen hierdurch zur öffentlichen Kunde, dass sie am 1. und 15. Tage eines jeden Monats, wie bisher, große und schnellsegelnde, gekupferte, dreimastige Bremer Schiffe erster Classe und mit hohen geräumigen Zwischendecken versehen, nach Baltimore und New York abfertigen werden und dass sie den Großherzoglich-Hessischen Postverwalter, Herrn Philipp Bäppler in Schelln-hausen, zu ihrem Agenten bestellt (...) haben."

Im Frühjahr 1851 sind in einem Monat rund 3000 Menschen über Bremen ausgereist. Im Laufe der Zeit sollen mehr als vier Millionen aus Europa diesen Weg nehmen. Aus unterschiedlichen Motiven. Demokratische Abgeordnete fliehen nach Übersee, als Errungenschaften der Märzrevolution von 1848 abgeschafft werden. „48er" wird man sie in den USA nennen. Forty-Eighters. In der Wirtschaftskrise während der Weimarer Republik emigrieren Erwerbslose wie der 23-jährige Damen- und Herrenschneider Heinrich Geißler aus Ober-Gleen, der 1922 in Baltimore Arbeit findet. Sein inzwischen verstorbener Neffe Walter Ruppenthal, der Sohn der Dorfhebamme Marie Ruppenthal, geborene Geißler, hat mir 2014 in einer Mail berichtet, wie es zur Auswanderung gekommen ist und was danach geschah:

„Die Geißlersch hatten schon Verwandtschaft in Buffalo, mit denen man in Briefwechsel stand. Dieser wurde überwiegend von meiner Mutter geführt. Sie gab damals den Amerikanern auch die Arbeitslosigkeit von ihrem Bruder bekannt und ließ sie wissen, dass der jetzt eigentlich Zeit hätte, auch deren Kleider in Ordnung zu bringen. Mehr oder weniger eine Floskel, deren Folgen nicht abgesehen werden konnten. Dem nächsten Brief aus Buffalo lag nämlich die Schiffsreisebuchung nach den USA bei. Meine Mutter wurde dafür von ihren Eltern heftigst gerügt. Die Familie stand Kopf. Mein Onkel Henry fand das aber ganz gut und nahm die Gelegenheit wahr. Er mietete mit Hilfe der Verwandtschaft eine kleine Wohnung und verrichtete fortan Näharbeiten jeglicher Art. Das Geschäft ging gut, und er konnte schon bald das Geld für die Überfahrt dankbar zurückgeben."

Er hat seine Chance genutzt. Einen Wirtschaftsflüchtling wird ihn deshalb niemand nennen. Manche Deutsche aber verfolgen die Auswanderungswellen mit gemischten Gefühlen. Das Lied „Ein stolzes Schiff" wird 1925 veröffentlicht, als längst Dampfschiffe zwischen den Kontinenten unterwegs sind.

Ein stolzes Schiff

Ein stolzes Schiff
streicht langsam durch die Wellen
und führet unsre deutschen Brüder fort.
Der Ostwind weht, die weißen Segel schwellen.
Amerika ist ihr Bestimmungsort.

So auf dem Verdeck zu stehen,
nach der Heimat hinzusehen:
Amerika, zu fernen Kolonien.

Seht ihr sie übers große Weltmeer ziehn?
Da ziehn sie hin! Wer wagt's, danach zu fragen:
Warum verlassen sie ihr Heimatland?
Du armes Deutschland, kannst du es ertragen,
wie deine Söhne man so hart verbannt?
Schauet her, ihr Volksbeglücker!
Schauet her, ihr Unterdrücker!
Seht eure besten Arbeitskräfte fliehn!
Seht ihr sie übers große Weltmeer ziehn?

Da ziehn sie hin auf blauen Meereswogen.
Was schauen wehmutsvoll sie noch zurück?
Sind in der Heimat sie so arg betrogen,
daß sie im fremden Land nun suchen jetzt ihr Glück?
Was sie hier nicht konnten finden,
suchen sie sich dort zu gründen.
Sie segeln hier vom deutschen Boden ab
und finden in der Fremde dann ihr Grab.

Auch Walter Ruppenthals Onkel ist in Amerika geblieben,
hat aber den Kontakt zu seiner Familie in Hessen gehalten.
Walter Ruppenthal schrieb in einer Mail: „1926 kam er zu
Besuch, um bei meiner Taufe dabei zu sein und um seine
in Ober-Gleen zurückgebliebene Braut zum Mitkommen
zu überreden. Soweit mir überliefert, wäre sie wohl auch
dazu bereit gewesen. Das Veto der Eltern ließ dieses
Vorhaben leider scheitern. Es soll geäußert worden sein,
dass nur ‚Taugenichtse' nach Amerika gehen. Die Verlo-

bung ging dadurch in die Brüche. Mein Onkel Henry hat dann im Deutschen Klub seine spätere Frau Käthe, geboren 1905, aus Ernstroda (Thüringen) kennen gelernt. Zusammen betrieben sie dann eine Damenschneiderei, die wohl sehr gut gelaufen ist. 1934 haben sie ein etwas größeres Haus gekauft. 1930 wurde der Sohn Herbert und 1935 die Tochter Betty geboren. Sowohl die Eltern als auch die Kinder haben uns in Deutschland mehrmals besucht. Und wir waren natürlich auch mehrmals dort."

Wo Deutsche sind, gehen Deutsche hin. Das gilt auch für Auswanderinnen und Auswanderer aus Oberhessen: 1927 ist der jüdische Schneider Nathan Lamm aus Ober-Gleen in die USA gegangen. Gegenüber den Einwanderungsbehörden erklärt er, dass er nach Buffalo will, wo Heinrich Geißler lebt. Im Census von 1930 wird er als Max Nathan Lamm geführt, wie Amy B. Cohen, die Autorin der Bücher „Pacific Street" und „Santa Fe Love Song" und des Brotmanblog, herausgefunden hat. Nathan arbeitet in den USA zunächst als Bäcker, dann auf dem Bau, gehört ab 1942 zur US-Army und kehrt nach Kriegsende zurück nach Buffalo. In den Dreißigern und frühen Vierzigern versuchen Nazigegnerinnen und Nazigegner und wegen ihrer jüdischen Herkunft Verfolgte verzweifelt, ein Visum für die USA zu bekommen. Von einigen von ihnen wird noch die Rede sein. Kehren wir erst einmal zurück ins frühe 19. Jahrhundert.

Viele Auswanderungswillige werden nicht selten schon in der Heimat geneppt. Und so weist der Bremer Senat, um den guten Ruf der Stadt besorgt, 1832 die Wirte an, „dass alles, was zum Wohle derer nötig scheint, welche Bremen zu ihrem Auswanderungsplatz gewählt haben, soviel wie möglich Berücksichtigung finde". Zum Schutz der Menschen, die Europa über Bremen verlassen, wird im gleichen Jahr ein erstes staatliches Gesetz in Deutschland erlassen: die „Verordnung wegen der Auswanderer mit hiesigen oder fremden Schiffen". Von jetzt an sind Passagierlisten Vorschrift und ab 1852 beim „Nachweisungsbureau für Auswanderer" abzuliefern, das die Handelskammer eigens eingerichtet hat.

Wenn Untertanen Hessen-Darmstadt verlassen wollen, müssen sie erst einmal einen Antrag stellen. Der Bürgermeister reicht das Gesuch zum Beispiel ans Großherzogliche Kreisamt in Alsfeld weiter. In der Zeitung erscheinen dann Aufrufe an mögliche Gläubiger, sich binnen drei Monaten zu melden. Mehr und mehr Auswanderungswillige kommen in Bremen an. Der erste Weg führt ins Nachweisungsbüro. Und sie suchen Unterkunft. Sind noch Zimmer frei in der Herberge „Die Stadt Baltimore" am Neuen Markt? In der „Stadt Newyork" an der Großen Johannisstraße oder „Zum Admiral Nelson" an der Langenstraße? Die Zimmer reichen längst nicht mehr. Und so lässt der geschäftstüchtige Friedrich Mißler Auswandererhallen an der Hemmstraße in Findorff errichten. Bei ihm gibt es den Rundumservice: Logis, Fahrkarten, Versicherungen, Informationen. Meist über Schiffe des Norddeutschen Lloyd.

Wer nicht gehen darf, verschwindet bei Nacht und Nebel: Junge Männer, die sich dem Wehrdienst entziehen wollen, sind darunter, wie Friedrich Trump aus Kallstadt an der Weinstraße, der im Goldrausch als Gastwirt und Bordellbetreiber reich werden wird. Auch Wilderer wandern aus, ohne sich abzumelden, Schuldner, manchmal sogar ganze Familien, Sozialrevolutionäre, die mit Steckbrief gesucht werden, Ehemänner, die ihre Frauen im Stich lassen, Jugendliche und andere, die nicht damit rechnen, eine Erlaubnis zu erhalten. Im Intelligenzblatt für den Kreis Alsfeld und die angrenzenden Bezirke ist am 1. Januar 1848 zu lesen: „Das Großherzoglich-Hessische Landgericht Homberg an die Bürgermeister des Bezirks. Es ist in neuerer Zeit häufig der Fall vorgekommen, dass Personen nach Amerika ausgewandert sind, ohne vorher in ihrem früheren Vaterland jemanden mit der Besorgung ihrer Angelegenheiten zu beauftragen, was dann mitunter die Anordnung kostspieliger gerichtlicher Kuratelen, immer aber die Verzögerung von Erbauseinandersetzungen und ähnlichen Geschäften zur Folge hatte. Wir fordern Sie daher auf, die Auswanderer in ihrem eigenen und dem Interesse ihrer zurückbleibenden Verwandten auf die Nachteile der Unterlassung einer solchen Bevollmächtigung aufmerksam zu machen. G. Klingelhöffer."

Im Kurfürstentum Hessen-Kassel ist Emigration ab 1831 nicht mehr illegal. Gegangen sind die Leute auch vorher schon, wie auf den Seiten der Familienforschung Neustadt zu lesen ist. Von 1820 bis 1840 haben sie sich an der „gebrannten Eiche" im Wasenberger Wald versammelt, um im Treck nach Norden zu ziehen. Vier bis fünf Tage brauchen sie mit ihren Pferdewagen für die erste Etappe. 120 Kilometer durch die Schwalm, den Knüll, den Kellerwald und den Habichtswald nach Hannoversch-Münden, wo die Gruppe erst einmal rastet. Pferde und Fuhrwerke werden verkauft. Und weiter geht die Reise mit

Weserkähnen nach Bremen und Bremerhaven, fünf bis sechs Tage auf dem Fluss. 1852 wird die Main-Weserbahn gebaut, die Kassel und Frankfurt am Main verbindet. Für viele Auswanderinnen und Auswanderer aus der Region verkürzt sich damit die Fahrt um Tage. Sie fahren mit dem Zug nach Karlshafen und besteigen ein Weserdampfschiff, in Bremerhaven dann einen Segler. In Inseraten geben Passagiere nach der Überfahrt Bewertungen ab, ob bezahlt oder auf eigene Initiative.

Wie in der Alsfelder Zeitung 1841: „Dank dem Capitain J. H. Bosse. Die unterzeichneten Passagiere des Herrn Friedrich Jacob Wichelhausen in Bremen fühlen sich aus freiem Antrieb verpflichtet, die vorzügliche Tüchtigkeit, unermüdete Aufmerksamkeit, Tätigkeit und Vorsicht des Capitäns, Herrn J. H. Bosse, wovon sich dieselben Tag und Nacht Gelegenheit hatten sich zu überzeugen, hiermit öffentlich zu rühmen und sowohl dafür als auch für die ihnen außerdem bewiesene Zuvorkommenheit, Güte und Humanität ihren wärmsten Dank auszusprechen. Bei den häufigen Klagen über Sorglosigkeit mancher Capitains ist das Glück, in so menschenfreundliche und teilnehmende Hände zu kommen, doppelt wohltuend, und wir können nur wünschen, dass unseren nachfolgenden Landsleute ein ähnliches widerfahren werde. New York, 4. Juni 1841, E. A. Schumann für sich und im Namen der übrigen 185 Passagiere."

Warum sich trennen, wenn man zusammenbleiben kann? In Neustadt in Kurhessen beschließen einige Familien 1832, gemeinsam auszuwandern, wie unter anderem auf der Internetseite über Familienforschung in Neustadt nachzulesen ist. Die „Columbus", ein Dreimaster der Bremer Reederei Wätjens & Co., soll die fast 200 Menschen aus Neustadt, Momberg und der Region nach Amerika bringen. Das Schiff ist seit einem Jahr auf der Route Bremen-New York eingesetzt. Viele Fahrten sind der „Columbus" nicht vergönnt, sie wird 1834 kurz vor der Wesermündung in der Nordsee untergehen. Der 32-jährige Ludwig Diegel aus Neustadt, seine Frau Elisabeth, geborene Reichbach, und ihre beiden Kinder gehören 1832 zu der Auswanderergruppe. In ihrem Gepäck haben sie die Papiere, die ihnen das Kreisamt in Kirchhain ausgestellt hat. Ende Mai legt das Schiff in Bremerhaven ab, Mitte Juli erreicht es New York. Nach sechswöchiger Fahrt. Um 1880 ist in Oberhessen das Auswandererlied gesungen worden:

Jetzt ist die Zeit und Stunde da,
wir reisen nach Amerika.
Die Wagen stehn schon vor der Tür,
mit Weib und Kind marschieren wir.

Die Freunde, die uns sind verwandt,
reichen uns zum letztenmal die Hand:
Ihr Freunde, weint nur nicht so sehr,
wir sehn uns nun und nimmermehr!

Und als wir kamen in Bremen an
und schaun das große Wasser an.
Wir fürchten keinen Wasserfall:
Der liebe Gott ist überall.

Und als wir kamen nach Baltimore,
da reckten wir die Hand empor.

Wir riefen aus: Viktoria!
Nun sind wir in Amerika.

Wir reisten als noch weiter fort
und trauten auf den lieben Gott.
Der Müßiggang ist nun vorbei.
Ihr Brüder, es muß gearbeit't sein!

Mindestens 15.000 Menschen aus dem Altkreis Alsfeld sollen zwischen 1825 und 1900 über Bremerhaven in die USA ausgewandert sein, in der Mehrheit Tagelöhner und Handwerker. Familien und Ledige sind von Bremerhaven aus nach New York, Philadelphia oder Baltimore aufgebrochen. Auch wenn die Mahlzeiten auf den deutschen Schiffen deutlich besser sein sollen als in früheren Zeiten, empfiehlt die Deutsche Gesellschaft der Stadt New York Ausreisewilligen noch 1883, einen Mundvorrat mitzunehmen: „Geräucherter Schinken und magere Fleischwurst, auch ein Stück guter Käse, der sich hält, ist dazu am besten geeignet. Zwieback und ein paar Apfelsinen oder Zitronen werden sich unterwegs als sehr willkommene Zugabe erweisen. Getränke werden an Bord aller deutschen Dampfer zu billigen Preisen gekauft werden, condensirte Milch für die Kinder wird kostenlos verabreicht. Für die Mahlzeiten auf dem Zwischendeck gilt folgendes: Es wird verabreicht zum Frühstück: Kaffee mit Milch und Zucker, Weißbrod und Roggenbrod mit Butter. Mittagessen um 12 Uhr: Suppe mit Gemüse darin, Fleisch und Kartoffeln. Nachmittags um 3 Uhr: Kaffee mit Milch und Zucker. Abends um 7 Uhr: Tee oder Kaffee mit Milch und Zucker, Weißbrod und Roggenbrod mit Butter."

Wer im Zwischendeck reise, solle sich einen Strohsack und Blechgeschirr kaufen, am besten im Hafen, rät die Deutsche Gesellschaft 1883 außerdem. Warme Kleidung und Decken sind wichtig, Windeln und Tücher für die Kleinkinder, aber ansonsten nehmen sie nur das Notwendigste mit, verpackt in stabile, verschließbare, nicht zu große Kisten, denn es wird an Bord häufig gestohlen, und die Passagiere mit den billigen Fahrkarten müssen ihr Gepäck selbst tragen. Rauchen ist im Zwischendeck verboten. Zündholzer, Schießpulver und andere feuergefährliche Gegenstände, Gewehre und andere Waffen sind dem Kapitän zur Aufbewahrung zu übergeben. Glücksspiel ist untersagt. Und wenn der diensthabende Offizier es anordnet, muss das Zwischendeck aufgeräumt oder geschrubbt werden. Zweimal am Tag kommt ein Arzt vorbei, um nach den Passagierinnen und Passagieren zu sehen. Es muss verhindert werden, dass sich die Blattern, Pocken oder andere Seuchen ausbreiten. Impfen gehört dazu, wie die Deutsche Gesellschaft der Stadt New York schreibt. „Die Schiffsärzte haben diejenigen, die noch nicht geimpft sind, zu impfen und denselben ein Gesundheitsattest auszustellen, welches die Einwanderer behalten, um es bei ihrer Ankunft im Bestimmungshafen dem Sanitätsbeamten zu zeigen. Die auf der Seefahrt von den Pocken befallenen Einwanderer sind zu isolieren, und ihr Gepäck ist gehörig zu desinfizieren."

Auf Sauberkeit zu achten, Schiffsbekanntschaften nichts Persönliches anzuvertrauen, die Seekrankheit geduldig zu ertragen, auch das sind Ratschläge für die Reise. Und in Castle Garden in New York, einer Station, die Passagiere und Passagierinnen vom Zwischendeck durchlaufen

Georg Gonder, Gabrieles Urgroßvater, entschied sich gegen das Auswandern.

müssen, stehen Mitglieder der Deutschen Gesellschaft den Neuankömmlingen zur Seite. Wer lesen kann, erkennt sie an der Aufschrift auf ihren Mützen. Im Auswanderer-roman „Jürnjakob Swehn, der Amerikafahrer" von Johannes Gill-hoff fragt der Ich-Erzähler, ein Mecklenburger: „Was glaubst du wohl, wie klug einer ist, wenn er rüberkommt? So dumm as en Daglöhnerfarken, einer wie der andre. Wenn Dummheit wehtäte, dann wär am Hafen von New York vom Morgen bis an den Abend nichts zu hören als Heulen und Wehklagen. Aber das verlernt sich bald. Einer wird hier auch ganz anders rumgestoßen als drüben, und wenn man erst ein paarmal ordentlich angeeckt ist mit seinem dicken Kopf, dann lernt man bald Vorsicht und fest auf den Beinen stehen und fest zufassen. Wer das nicht kann, der soll das Reisegeld sparen; der soll Deutschland nicht mit dem Rücken ansehen. Denn dort ist der liebe Gott noch dem Dummen sein Vormund. Dor is de Minsch noch den leiwen Gott sin Dummerjahn. Hier gilt das nicht so recht. Hier sitzt den meisten ihr lieber Gott im Geldkasten. Ich könnte drollige Geschichten erzählen von manchen, die rübergekommen sind. Aber ich will keinen rügen, und bei den meisten würde es bloß mein eigenes Bild geben."

Manche kommen auf Umwegen nach Amerika. In Ober-Gleen halten die Nachfahren des Leinewebers Michael Schott den Rekord. Die Ahnenforscherin Carolyn Schott aus Seattle, Autorin des Buches „Visiting Your Ancestral Town", ist den Spuren ihrer Familie gefolgt, vom frühen 18. Jahrhundert, als Michael sein Heimatdorf verließ, bis zur Emigration ihres Großvaters in die USA im Jahr 1905. Die Originalaufnahme ist in der englischen Fassung zu hören. Es folgt eine Übersetzung.

Genealogin Carolyn Schott (vorne) auf den Spuren ihrer Vorfahren.

Die ersten beiden Generationen der Schotts in den USA.

Carolyn Schott: „Die Wurzeln meiner Familie sind in Ober-Gleen. Mein Urururururgroßvater Michael Schott war im späten 17. Jahrhundert in Ober-Gleen geboren, und von dort stammt meine Familie in Deutschland. Wisst Ihr, als ich aufgewachsen bin, habe ich immer gewusst, dass ich deutsch bin. Meine Eltern sprachen Deutsch, wir aßen deutsche Gerichte. Deutsch zu sein, hat mich stark geprägt, als ich aufgewachsen bin. Es war etwas, das ich entdecken und besser verstehen wollte. Als mein Urururururgroßvater Michael Ober-Gleen verlassen hat, ist er nach Osthofen am Rhein gegangen. Und ein paar Generationen später hat sein Enkel Osthofen verlassen und ist ins zaristische Russland gezogen. Er hat sich in einem Dorf niedergelassen, das heute zu Moldawien gehört, aber kurz darauf ist die Familie in ein paar deutsche Dörfer in der Ukraine gezogen. Also lebten sie für mehrere Generationen in der Ukraine, haben aber ihr deutsches Erbe bewahrt. Und dann hat mein Urgroßvater die Ukraine verlassen und ist in die Vereinigten Staaten gekommen."

Auch die Familie Gonder hat für die Ausreise in die USA etwas länger gebraucht. Zwei Generationen, um genau zu sein. Der Schneider Georg Gonder aus Ober-Gleen ist um 1890 in Hamburg sesshaft geworden, anstatt auszuwandern wie sein älterer Bruder Ludwig. Damit hatten seine Söhne, was sich viele in schlechten Zeiten wünschen: einen „Onkel in Amerika". Georgs Urenkelin Gabriele Gonder-Carey, eine Historikerin und Archivarin, hat herausgefunden, dass Ludwig, der sich in den USA Louis nannte, im Staat Washington Land gekauft und eine große Farm besessen hat. Ihr ist erzählt worden, dass man ihn „Hops King of Washington", Hopfenkönig, nannte. Ob das stimmt, weiß sie nicht.

Für den Hopfen und das Bier, das daraus gemacht wird, sind die deutschen Einwanderer berühmt, als Produzenten, aber auch als Verbraucher. Ein Bayer, John Wagner, der sich in Philadelphia niedergelassen hat, wird für den Lager-Pionier der USA gehalten, aber um 1840 haben auch andere Immigranten schon ihr eigenes Bier gebraut, und mehr und mehr sollten folgen. Nach und nach werden auch Brauereien aus Bremen, Niedersachsen und Hamburg auf dem amerikanischen Markt erfolgreich sein. Heute, in den Zeiten von Craftbeer, kannst du in den USA „Hessian Horseman" oder „Angry Hessian" trinken. Ganz zu schweigen von „Headless Hessian Pumpkin Ale". Aber das ist eine ganz andere Geschichte.

Georg Gonder hat in Altona eine Familie gegründet. Seine Urenkelin nimmt an, dass die Familie hugenottische Wurzeln hat. Auch wegen der braunen Augen. Im 17. Jahrhundert sind französische Protestantinnen und Protestanten nach Hessen geflohen, mehrere Tausend nach Hessen-Kassel. Die Flüchtlinge brachten ein paar von den Märchen mit, die Dorothea Viehmann sehr viel später den Grimms erzählt hat. Wir alle wissen: Das war einmal. Also spulen wir schnell wieder vor ins 20. Jahrhundert. Einer von Georg Gonders Enkelsöhnen hat inzwischen unfreiwillig mehrere Jahre in Frankreich verbracht – als Kriegsgefangener nach dem Zweiten Weltkrieg. 1947 kehrt Uwe Gonder nach Hamburg zurück und heiratet eine Schwäbin. Und damit wären wir bei der nächsten Generation: Gabriele, Jahrgang 1954, die als Kind in die USA emigriert ist. Ihr Vater und ihre Mutter sind mit der Siebenjährigen 1961 nach Südkalifornien ausgewandert, wo ihre Mutter eine Tante und einen Onkel hatte. Ihr Vater hat Gabriele erzählt, dass er wanderlustig war. Ökonomische Gründe zum Auswandern habe es wohl auch gegeben, aber sie seien nicht ausschlaggebend gewesen. Der Onkel ihres Vaters hatte einen Job für ihn gefunden. Uwe Gonder arbeitete 20 Jahre lang als Werkzeugmacher bei Mattel. Und Gabriele hatte viele Barbies...

Für alle, die Familienforschung betreiben und Vorfahren haben, die ausgewandert sind, sind Passagierlisten wichtige, inzwischen leicht zugängliche Quellen. Bei ihrem Studium wird klar: Auch nach Kanada hat es Menschen aus Oberhessen gezogen. In den 1860er-Jahren sind Johannes Heinrich Diegel, Jahrgang 1816, und seine Frau Katharine, geborene Vollgert aus Ehringshausen, nach Kanada gegangen. Ihr Ururenkel, der lutheranische Pastor Matthew Hartmann Diegel, Jahrgang 1960, schreibt aus Errington Township in Ontario, sein Vater habe noch Deutsch zu Hause gesprochen, bevor er zur Schule kam. Er war Jahrgang 1933 und damit die dritte Generation in Canada. Brodhagen, das Dorf, in dem er aufgewachsen war, ist mit seinen 250 Menschen sogar noch kleiner als Ober-Gleen. In der Region leben zahlreiche Menschen mit Wurzeln im einstigen Großherzogtum Hessen-Darmstadt.

Den Kanadaführer von Heinrich Lemcke aus dem Jahr 1896 brauchte Matthews Vater definitiv nicht mehr. Aber andere, die nach Kanada wollen, haben das Buch in die Hand bekommen. Vor dem Schlusswort stehen zehn „Goldene Regeln für Auswanderer":

„Erst besinn's, dann beginn's."
„Vorgethan und nachbedacht hat Manchem schon viel Leid gebracht."

„Vertraue nie Jemandem aufs Wort."
„Unterschreibe nie ein Schriftstück, dessen Inhalt du nicht kennst."
„Bediene dich nie eines Winkeladvokaten."
„Unterzeichne nie in fremder Sprache lautende Verträge, ohne über den Inhalt durch zuverlässige und unbetheiligte Leute genau unterrichtet zu sein."
„Kaufe niemals Land, ohne es zuvor genau besichtigt zu haben."
„Kaufe nie mehr, als du baar bezahlen kannst."
„Halte dich drüben stets an die Gesellschaften deines Heimathlandes, welche zum Schutze der Einwanderer begründet worden sind. Wenn du drüben wohlhabend geworden bist, unterstütze diese Vereine und sei dankbar, es ist eine Ehrensache für dich."
„Zinsen muss dein Reichthum tragen, aber nicht nur irdisch, sondern auch an höheren und besseren Gütern."

Erst besinn's, dann beginn's. Oder lass es sein. Wer nicht auswandern will, hofft auf bessere Zeiten. Aus Maulbach in Oberhessen versichert Georg Fett 1874 seinem in Indiana wohnenden Schwager Wilhelm Sommer, dass es wirtschaftlich bergauf gehe. Das Malter Weizen koste mittlerweile 16 bis 17 Gulden, Korn 12, Gerste 10, das Pfund Butter 30, das Pfund Fleisch 21 Gulden. Und mit den Preisen seien die Löhne gestiegen. „Ein ordentlicher Knecht bekommt jetzt das Jahr 150, auch 175 Gulden. Es ist überhaupt der Wohlstand sehr angestiegen. Ich glaube, wenn Du jetzt zu uns kämst, Du würdest Dich nicht mehr so zurechtfinden können, denn all die alten Gebäude, die Du gekannt hast, da steht fast nicht ein einziges mehr. Unser Nachbar Martin hat eine ganz neue Hofreithe gebaut und auch sehr groß, und (...) auch in der Obergasse ist fast alles neu geworden. Unsere zwei Mädchen sind sehr kräftig geworden. Die Elisabeth ist nicht so groß, aber sehr dick, das Bettchen wird aber größer, denn es ist jetzt schon sehr stark gewachsen, es ist beinahe so groß wie seine Mutter. Sind auch zu unserer Freude bis jetzt noch recht gesund und helfen auch schon tüchtig arbeiten, denn wir haben noch dazu gekauft. (...) Lieber Schwager, man spricht wohl manchmal, wenn doch eins davon ein Bub wäre, aber das kann man doch nicht sagen, denn der liebe Gott wird uns auch, wenn einmal die Zeit kommt, auch wieder einen guten Menschen bescheren. Bei uns müssen jetzt die Soldaten dienen bis zum 42ten Lebensjahr und da hat man denn darüber sich auch keine Gedanken zu machen. Wie viele Eltern haben 70 und 71 ihre Söhne verloren, die im Alter ihre Stütze sein sollten. Lieber Schwager und Schwägerin, wir haben gehört, es wäre in Amerika eben jetzt eine schlechte Zeit, denn viele Menschen gehen arbeitslos umher, und kommen sogar viele wieder nach Deutschland."

Catharina Büttner, geborene Lanz, aus Maulbach, schreibt 1859 gemeinsam mit ihrem Mann Konrad aus Illinois an ihre Eltern: „Lieber Vater, ihr schreibt, ihr hättet euch schon viele Tage Gedanken gemacht über uns. Lieber alter Vater, ich wünsche, dass alle eure Kinder so hätten wie mir. Mir haben es hier dreimal besser wie in Deutschland. In Deutschland, da haben die armen Leut noch keine Kartoffel zu essen, viel weniger sonst was, aber das ist hier nicht der Fall. Wenn ein Mann hier schafft, da kann er essen, was er will. Man braucht hier nicht alles dem Landgrafen zu geben wie in Deutschland. Was hätten mir in Deutschland, vielleicht eine Kuh oder Schuld und Ungeduld. Mir brauchen hier keine Kühe herumzutreiben. Mir haben jetzt vier schöne Pferde, vier Kühe, 20 Schweine, Hinkel habe ich 2 bis 3 hundert Stück. Mir schlachten dieses Jahr wieder 6 Schweine, die größer sind wie ihr als eines geschlachtet habt. Eier und Butter essen mir mehr in einer Woch wie ihr in Deutschland in einem Jahr. Wenn ein Mann hier schafft, der kann sich doch noch was erschaffen, aber in Deutschland nicht. Wer da arm ist, der bleibt arm."

Catharina hätte gerne ihre Geschwister bei sich, also versucht sie, ihre Eltern zu beruhigen, und macht sich eher Sorgen um ihren Bruder Andreas, der als Wehrpflichtiger das Land nicht mehr wird verlassen dürfen. Die Zeichen in Europa stehen auf Krieg, der 1866 beginnen wird und den die Hessen als Verbündete der Österreicher gegen die Preußen verlieren werden. Gefolgt vom deutsch-französischen Krieg 1870/71 und der Gründung des Kaiserreichs. „Mir haben wieder in der Zeitung gehört, daß bis das nächste Frühjahr wieder losgehen soll daß der König von Preußen nicht zu fürchten ist, mit dem wir hier sich vertragen haben. Das schreibt die Zeitung in Deutschland. Ihr meint, wir hätten ebenso gut Krieg hier wie in Deutschland", schreibt Catharina aus den USA. „Der Krieg hier ist nichts, da brauchen mir sich nicht zu fürchten vor. Sie wollen die Indianer weg treiben, das ist all der Krieg hier. Es träumt mir von meinem Bruder Andreas, er hätte sich große Gedanken machen sollen über das Soldatenleben, da seid so gut und schreibt mir, wie sich das verhält."

Von 1861 bis 1865 tobt der Amerikanische Bürgerkrieg, an dem auch viele Deutsche teilnehmen. Von 1860 bis zum

Massaker am Wounded Knee im Jahr 1880, bei dem 350 friedliche Männer, Frauen und Kinder ums Leben kommen, verfolgen die weißen Siedler und die US-Armee außerdem ununterbrochen die Ureinwohner. Ihre Zahl sinkt von vier Millionen auf 250.000. Bürgerrechte erhalten sie erst 1924. Was die Menschen im 19. Jahrhundert in Hessen oder in Bremen über Indianer (Indigene) und den Wilden Westen wissen, stammt aus Briefen und Zeitungen, aus Romanen von James Fenimore Cooper und Karl May, aus den Büchern des Hamburger Abenteurers Friedrich Gerstäcker oder aus der Wild-West-Show von Buffalo Bill Cody, die 1890 auch auf der Velocipedrennbahn in Bremen und im Frankfurter Palmengarten Station macht.

Einen praktischen „Ratgeber für Auswanderungslustige, Agenten, Geschäftsmänner, welche mit dem Auswanderungswesen in Berührung kommen" hat Georg Treu 1848 in Bamberg veröffentlicht. Das Buch enthält unter anderem eine Sammlung der „wichtigsten in den süddeutschen Staaten, in Bremen und Nordamerika erschienenen Verordnungen und diplomatischen Aktenstücke" und eine kurze Beschreibung der Vereinigten Staaten. Als „ersten und vorzüglichsten Einschiffungsplatz" empfiehlt der Autor Bremen. „Es ist hier durch zweckmäßige Gesetze dafür gesorgt, daß die Auswanderer nicht nur vor Uebervortheilung sicher gestellt, sondern auch, daß sie auf den Schiffen gut verköstigt und behandelt werden."

Und Treu warnt Auswanderungswillige davor, sich Illusionen zu machen: „Wem es an Thätigkeit, Fleiß und Beharrlichkeit fehlt, wer Entbehrungen, Arbeit und Anstrengung scheut, der möge ja zu Hause bleiben, denn er wird es jenseits des Meeres noch weniger zu etwas bringen als diesseits. Gar Viele, welche sich hier goldene Berge geträumt, haben jenseits das Ihrige verloren und sind in Armut und Elend verkommen oder hierher als Bettler zurückgekehrt. (...) Phantasten und sogenannte Weltverbesserer werden stets auf die empfindlichste Weise durch die kahle Wirklichkeit von ihren Träumereien und Ideen getäuscht werden. Für solche Leute ist in Amerika kein Feld der Thätigkeit, auch für Gelehrte, Juristen, Theologen, Apotheker, Handlungsdiener ist dort wenig zu hoffen, und sie sehen sich gewöhnlich gezwungen, durch harte, ungewohnte Arbeit ihren Lebensunterhalt zu verdienen. Auch für Aerzte sind die Aussichten keineswegs glänzend, da die Zahl der vorhandenen bereits fast überall sehr groß ist und die Quacksalberei eine ausgedehnte Rolle spielt. Daß beste Unterkommen finden Leute aus dem Tagelöhner-, Bauern- und Handwerkerstande."

Und welche Handwerksberufe sind besonders gefragt? „Bierbrauer, Branntweinbrenner, Destillateure, Schneider, Schumacher, Hutmacher, Kürschner, Handschuhmacher, Beutler, Gerber, Fleischer, Bäcker, Conditor, Uhrmacher, Maurer, Zimmerleute, Tischler, Schmiede, Kupferschmiede, Nagelschmiede, Roth- und Gelbgießer, Klempner, Wagner, Lackirer, Sattler, Posamentirer, Ziegelbrenner, Müller, Buchdrucker, Buchbinder, Zinngießer, Böttcher, Zeugdrucker."

Auch Conrad Felsing aus Ober-Gleen im heutigen Vogelsbergkreis sieht als Meister des Zimmerhandwerks gute Chancen für sich in Amerika. Obwohl er nicht schreiben kann. Der Mittdreißiger ist 1836 mit der „Howard" von

Hamburg nach New York gesegelt. Ohne seine Frau Anna Maria und ohne seine Kinder. Und das ist, wie der Auswandererhafen Hamburg, für Oberhessen ungewöhnlich. Die Behörden sehen es nicht gern, wenn Familienväter von der Bildfläche verschwinden, weil die Gemeinde dann für den mittellosen Anhang aufkommen muss. Nach der Familienüberlieferung hat Anna Maria lange gebraucht, um sich mit drei kleinen Kindern und ohne Geld von Norddeutschland nach Hessen durchzuschlagen. Alles, was sie und ihr Mann besessen hatten, haben die beiden vor ihrer Abreise verkauft.

Anna Maria wird ihr Leben lang von ihren Gläubigern und ihrer Verwandtschaft abhängig sein. Alles, was sie daheim erwartet, ist das Grab ihres ältesten Sohnes. Er war 1835 im Alter von etwa sechs Jahren gestorben und von Pfarrer Friedrich Ludwig Weidig beerdigt worden. Es ist Weidigs letzter Eintrag ins Kirchenbuch. Kurz danach wird der Herausgeber des illegalen politischen Flugblatts „Der Hessische Landbote" im Ober-Gleener Pfarrhaus verhaftet und ins Darmstädter Gefängnis gebracht. Vergeblich hofft seine Frau Amalie auf seine Freilassung. Auch Anna Maria Felsing wird ihren Mann nie wiedersehen. Er ist weg, verschollen in Nordamerika. Als habe es ihn nie gegeben. Spätere Recherchen in Archiven und Datenbanken laufen ins Leere.

Dè Konroad eas over the ocean...

Dè Konroad eas over the ocean,
dè Konroad eas over the sea,

dè Konroad eas over the ocean,
dann sogg merr dè Konroad nit mieh!
Dè Konroad, dè Konroad,
dann sogg merr dè Konroad nit mieh, nit mieh,
dè Konroad, dè Konroad,
dann sogg merr dè Konroad nit mieh!

Die Frää on die Keann
schdanne oom Kai.
Hodd's Geald nit viersche all gescheggd?
Woas doochd sech dè Konroad dodèbai?
Zè Fuss mussde sai Loid seregg!
Zè Fuss, zè Fuss, zè Fuss
mussde sai Loid seregg, seregg.
Zè Fuss, zè Fuss, zè Fuss
mussde sai Loid seregg.

Voo Hoop zè Hoop eass die Frä gangge,
hodd geärweld fier Bedd on fier Bruud,
med naut mussd sè werre oofangge
on gläbde, dè Konroad wier duud!
On gläbde, on gläbde, on gläbde,
dè Konroad wier duud, wier duud.
On gläbde, on gläbde, on gläbde,
dè Konroad wier duud.

Genaues wääs merr bes haut nit,
merr wääs uor, heh mächd joa voo Boadd.
Ean New York, doa verlur sech sai Schbur.
Wie geang's insem Zemmermann nur?
Sai Frä, sai Frä,
sai Frä, die koom sech verlurn vier!

Kenn Briep hodder je ihr geschreawwe,
denn schräiwe harrer nie geleannt,
ach, wierer bai senner Frä pleawwe,
merr häddse nit Wittfrä genennt!

È Dochder hoddse dann noch kreeje
voo wemm, doas wääs merr nit mieh,
Waidich hodd ihrn Ällsde begroawe,
on aach sie schdorb ean Owenglie.

Der Konrad ist over the ocean...

Der Konrad ist over the ocean,
der Konrad ist over the sea,
der Konrad ist over the ocean,
dann sah man den Konrad nicht mehr!
Den Konrad, den Konrad,
dann sah man den Konrad nicht mehr, nicht mehr,
den Konrad, den Konrad,
dann sah man den Konrad nicht mehr!

Die Frau, die Kinder
standen am Kai.
Hat's Geld nicht für sie all' gereicht?
Was dacht' sich der Konrad denn dabei?
Zu Fuß mussten sei' Leut' zurück!
Zu Fuß, zu Fuß, zu Fuß
mussten sei' Leut zurück, zurück.
Zu Fuß, zu Fuß, zu Fuß
mussten sei' Leut zurück.

Von Hof zu Hof ist die Frau gangen,
hat gearbeit' für Bett und für Brot,
mit nichts musst' sie wieder anfangen
und glaubte, der Konrad wär tot!
Und glaubte und glaubte und glaubte,
der Konrad wär tot, wär tot.
Und glaubte und glaubte und glaubte,
der Konrad wär tot.

Genaues weiß man bis heut nicht,
man weiß nur, er ging ja von Bord
in New York verlor sich seine Spur.
Wie ging's unsrem Zimmermann nur?
Sei' Frau, sei' Frau,
sei' Frau, die kam sich verlorn vor!

Kein'Brief hat er ihr je geschrieben,
denn schreiben hat er nie gelernt,
ach, wär er bei seiner Frau blieben,
man hätt' sie nicht Witwe genannt!

Ne Tochter hat sie noch bekomen,
von wem, das weiß man nicht mehr.
Weidig hat ihrn Ältsten begraben,
und auch sie starb in Ober-Gleen.

Wohin in Amerika? Georg Treu empfiehlt 1848, sich in
einem der westlichen Staaten niederzulassen, wenn auch
nicht an der Westküste: in Ohio, Indiana, Missouri, Pennsylvania, Michigan, Illinois oder Wisconsin, Staaten, die
seiner Einschätzung nach ein Klima haben, das dem in
Deutschland sehr ähnelt, und in dem die Preise für

Grundstücke noch nicht zu hoch sind. Er gibt Tipps zum Geldumtausch, zu Versicherungen, zur Staatsbürgerschaft und zum Landkauf und warnt vor Dieben und Betrügern. So rät er jedem Neuankömmling, „daß er sorgsam auf das Seinige bei'm Ausladen aus den Schiffen achten, daß er sein bares Geld wo möglich bei sich tragen und daß er Niemanden merken lassen möge, daß er solches besitze. Er traue Niemand, der sich an ihn drängt, um ihn seinen guten Rath zu ertheilen, wenn er auch die deutsche Sprache spricht und ihm die schönsten Versprechungen im Bezug auf Beschäftigung, Landankauf, Reisegelegenheit, Wohnung und dergleichen machen sollte".

Auch vor dem Amerikaner im Allgemeinen sollen sich die Deutschen in Acht nehmen, warnt Georg Treu seine Landsleute: „Der Amerikaner ist in der Regel schlau, im Leben und in den Geschäften sehr gewandt, scharfsichtig, thätig, wißbegierig und äußerst geld- und gewinnsüchtig. Für den Deutschen und namentlich für den neuen Einwanderer ist deshalb die äußerste Vorsicht nöthig, wenn er nicht bei jedem Schritte sich hintergangen und betrogen sehen will. Er kann in dieser Beziehung nicht mißtrauisch genug sein. Außerdem ist der Amerikaner stolz und hält seine Nation für die erste in der Welt. Die Deutschen stehen bei ihm in keinem großen Ansehen und sie werden gewöhnlich mit dem Spottnamen dutchmen (Holländer) belegt."

Wer waren wessen Vorfahren und wohin sind sie gegangen? Nicht viele Ahnenforscherinnen und Ahnenforscher sind so engagiert wie Linda Silverman Shefler, eine Nachfahrin von Brünel Lamm aus Ober-Gleen und Aaron Marx,

dem Sohn eines Gemüsehändlers aus Sterbfritz im Quell-
gebiet der Kinzig. Die Familie Lamm hat mindestens 200
Jahre in Ober-Gleen im heutigen Vogelsbergkreis ge-
wohnt, vom 18. Jahrhundert bis zur Nazizeit. Linda Silverman Shefler veröffentlicht seit mehreren Jahrzehnten die
Ergebnisse ihrer Recherchen, inzwischen mehrere Zehn-
tausend Namen und viele, viele Lebensgeschichten, auf
MyHeritage. Es folgt eine Übersetzung. Das Original ist in
der englischen Fassung zu hören.

Linda Silverman Shefler: „Ich bin die Urururenkelin von
Bertha Lamm. Ich habe viel über Berthas Ehemann Aaron
Marx gewusst und bin sogar mit einem Foto von ihm
aufgewachsen. Es ist aufgenommen worden, als er im
Amerikanischen Bürgerkrieg auf der Seite der Nordstaaten
gekämpft hat. Aber Bertha war ein großes Mysterium. Vor
fast 40 Jahren, als ich meine Familienforschung begonnen
habe, hat mir die Ehefrau eines Cousins meiner Großmutter eine Sache erzählt, die sie über ‚Oma Bertha'
wusste, und das war, dass Bertha Verwandte in Baltimore,
Maryland, hatte. Ich habe 20 Jahre gebraucht, bis ich
endlich herausgefunden habe, wer Berthas Familie war
und woher sie ursprünglich stammte. Bertha ist als Brünel
Lamm im Februar 1832 in Ober-Gleen geboren. Sie war die
Tochter von Jacob Eleaser Lösmann, der im Januar 1809
den Nachnamen Lamm angenommen hatte, und von
dessen Ehefrau Süss Höxter aus Storndorf. Bertha war das
fünfte von acht Kindern. Die Familie hatte vier Jungen und
vier Mädchen. Im 19. Jahrhundert war es für jüdische
Mädchen nicht ungewöhnlich, ihre Familien zu verlassen
und nach Amerika zu emigrieren. Der erste Grund war,
dass ihre Eltern sich die Aussteuer nicht für mehr als eine

Aaron Marx aus Sterbfritz 1862 als Freiwilliger der Union Army.

Mildred Marx, eine Enkelin von Aaron und Brünel Marx, geborene Lamm.

oder zwei Töchter leisten konnten, und in Amerika brauchten Mädchen keine. Mädchen sind oft in Gruppen gereist, gemeinsam mit Kusinen oder mit anderen aus ihrem Dorf. Sie sind in Städte gezogen, in denen es eine große jüdisch-deutsche Gemeinde gab. Ich habe das Schiffsmanifest von Bertha nie gefunden, aber ich vermute, sie kam mit Kusinen aus der Familie Höchster, der Familie ihrer Mutter, in die USA, weil einige von ihnen in den 1850ern in die USA ausgewandert sind. Bertha war das einzige Kind ihrer Eltern, das emigriert ist. Tatsächlich ist niemand aus ihrer Familie nach Amerika gekommen, bis sich Kinder ihres Bruders in den 1880ern in Baltimore niedergelassen haben."

Baltimore war eines der bevorzugten Ziele für Ober-hessinnen und Oberhessen in den USA. Aber wohin hat es Bertha verschlagen? Linda Silverman Shefler: „Bertha ist ursprünglich nach Cincinnati, Ohio, gegangen, wo sie meinen Urururgroßvater Aaron Marx 1856 getroffen und geheiratet hat. Später haben sie ein paar Jahre in einer Stadt in der Nähe von Cleveland verbracht, wo Aaron als Buchbinder gearbeitet hat. Irgendwann im Jahr 1861 sind sie nach Erie, Pennsylvania, gezogen, wo Aaron sich der Unionsarmee angeschlossen hat. Sie blieben dort bis 1869 und zogen dann nach Cleveland. Inzwischen war Bertha die Mutter von sechs Söhnen und einer Tochter, geboren in vier verschiedenen Städten. Ich glaube, sie sind nach Cleveland gezogen, weil Bertha dort eine Menge Ver-wandte hatte aus der Familie Höxter. Aaron ist 1870 der erste jüdische Polizist von Cleveland geworden und blieb im Polizeidienst bis zu seiner Pensionierung im Jahr 1897. Er ist 63 Jahre alt geworden. Traurigerweise ist Bertha kurz

Henry Geissler mit Familie in Buffalo.

nach Aarons Pensionierung gestorben, im August 1897, im Alter von 65."

Alle sieben Kinder von Bertha überlebten ihre Kindheit und sind alt geworden. Das war ungewöhnlich im 19. Jahrhundert. Heute gibt es sechs Generationen von Nachfahren von Bertha und Aaron. Aber nicht alle hessischen Migrantinnen und Migranten haben in Amerika eine Familie gegründet. Während der Zeit des Goldrausches sind junge Mädchen und Frauen aus der Wetterau und dem Hüttenberger Land als Hurdy Gurdy Girls in den Wilden Westen gegangen. Sie verkauften Tänze für einen Dollar und gingen anschaffen. Vier 15- bis 17-jährige Mädchen aus der Gegend von Butzbach folgen 1864 einem Mann, der sie als Drehorgelspielerinnen nach Kalifornien holen will. Tausend Gulden im Jahr hat er ihnen versprochen, zwanzigmal so viel, wie eine Magd oder Näherin jährlich verdient. Als die Jugendlichen in Düsseldorf aufgegriffen werden, haben sie nicht einmal Papiere dabei. Jüdische Mädchen und Frauen aus Galizien gehören zu den bevorzugten Opfern der Kuppler. Der Bremer Rabbiner Leopold Rosenak warnt 1902 in Frankfurt am Main öffentlich vor solchen „Mädchenhändlern". Und der Völkerbund befasst sich mit der Bekämpfung der „Weißen Sklaverei". Auf viele junge Frauen wartet das Bordell, wenn sie nicht für Hungerlöhne in Fabriken und auf Feldern schuften müssen. Ein Klezmerlied aus dem frühen 20. Jahrhundert erzählt die traurige Geschichte einer schönen, lebenslustigen jüdischen Einwanderin, deren amerikanischer Traum nicht wahr werden wird: „Di grine Kuzine" (Burghard Bock, Bremen. Aufnahme von der internationalen Geschichtswerkstatt „Deutschland auf der

Henry Geissler und seine Frau 1954 als Touristen am Titisee.

Flucht. Exil in Amsterdam-Zuid 1933-1945" im Mai 2022 in Bremen).

Die Freiheit ist in Amerika ein hohes Gut – nicht für die Ureinwohner, die asiatischen Bahnarbeiter oder die schwarzen Sklaven, aber für die Weißen. Besonders für die Männer unter ihnen. Georg Treu äußert sich dazu: „Was von der gerühmten amerikanischen Freiheit, sagt Vulpius, meinen größten Beifall hat, ist: daß der Einzelne in den Vereinigten Staaten sich, seinem inneren Drange und Verhältnisse entsprechend, äußerlich frei bewegen kann. Er kann kommen und gehen, wann und wohin er will. Gefällt es ihm an dem einen Orte nicht, so packt er zusammen und wandert woandershin, ohne von Gensdarmen und Polizisten angefallen und nach seinem Passe gefragt, noch von Zunfteinrichtungen oder dergleichen Geschichten gehemmt zu werden. Diese Freiheit hat aber übrigens auch wieder ihre Schattenseite, so unter Anderem, daß man überall, je nach der Größe eines Ortes, eine Menge Unbeschäftigter, die keine Arbeit finden können, oder Tagediebe und Lumpen (loafers), die keine finden wollen, antrifft, welche sich nun in den Kost- und Schenkhäusern aufhalten und mit Kartenspiel und allen möglichen anderen Fingerkünsten erhalten."

Und anders als in Deutschland herrscht Gewerbefreiheit. Nur Advokaten brauchen ein Examen, weder Ärzte noch Lehrer oder Geistliche. Wer will, kann sich in allen möglichen Berufen versuchen, auch in mehreren gleichzeitig. Gemeinden können ihre Seelsorger und Lehrer selbst einstellen und auch wieder entlassen. Die Frage der Mitgift

oder der Aussteuer spielt in den USA bei dem Männer-
überschuss eine geringere Rolle, weshalb Einwanderinnen
oft recht schnell einen Mann finden, nicht selten einen
mit ähnlicher Herkunft. Und die beste Nachricht für alle,
die arm wie Kirchenmäuse sind und wenig selbst entscheiden dürfen: In Amerika brauchen Paare nicht die
Genehmigung eines Gemeinderates, um die Ehe zu
schließen: „Will ein Paar heiraten, so bedarf es weiter
nichts, als daß es sich zum Pfarrer oder Friedensrichter
begibt und seine Erklärung abgibt. Von dem letzteren
erhält es dann einen Bestätigungsschein, welcher zwei
Dollars, fünf Gulden, kostet. Damit ist die Sache abge-
macht."

In seinem Ausreiseführer erklärt Georg Treu auch die
Staatsform – und damit die Demokratie. Neuland für
Deutsche, die erst nach dem Ersten Weltkrieg in einer
Republik leben werden. Georg Treu: „Nordamerika hat
keine Kaiser, Könige und Fürsten, sondern das Volk wählt
sich alle vier Jahre aus seiner Mitte einen Mann, dem die
höchste Würde im Lande übertragen wird. Dieser Mann
heißt der Präsident. Ist die Zeit seiner Amtsführung
vorüber, so steigt er wieder von seiner Höhe herab und
wird, wie zuvor, ein einfacher Bürger. Der Präsident kann
zum zweiten Male gewählt werden, aber nicht zum dritten
Male, er bezieht wegen seiner Amtsführung einen jähr-
lichen Gehalt von 25.000 Dollars oder 60.000 Gulden,
gewiß eine im Vergleiche zu den europäischen Verhältnissen nur sehr unbedeutende Summe. Jeder einzelne Staat
ist selbstständig, hat seine eigene Volksvertretung, ordnet,
unabhängig von der Bundesregierung, seine innere Ver-
waltung an und erläßt seine eigenen Gesetze."

Zum Beispiel zur Abschaffung der Sklaverei in Missouri, mit reger hessischer Beteiligung, wie wir im nächsten Teil hören werden. Nicht wenige haben zeitlebens unter Heimweh gelitten. Wenn es möglich war, besuchten manche ihre Herkunftsorte, die nicht länger ihre Heimat sind, wie Friedrich Münch aus Nieder-Gemünden, Herbert Sondheim aus Ober-Gleen, Ruth Stern Gasten aus Nieder-Ohmen oder Ruth Stern Glass Earnest aus Diez an der Lahn.

Der erste Teil unseres Podcasts endet mit einem Cover-song des australischen Folksongs „Waltzing Matilda". Das Lied „*Gieh foadd, komm werre*" (Geh fort, komm wieder) im Ober-Gleener Dialekt erzählt von dem Gefühl der Entfremdung. Auf Hochdeutsch würde ein Ausschnitt aus dem Text so lauten: „Geh fort, komm wieder, geh fort, komm wieder. Was uns an einen Ort bindet, das sind die Menschen. Auch die, die gar nicht mehr sind. Die Häuser zerstörbar, die Natur verwundbar. Gelogen, zu sagen: Einerlei."

Aufbruch in die Freiheit

Von 500, die auszogen, um ihren eigenen Staat zu gründen

Brüder, so kann's nicht gehn

(Duo EigenArt aus Nidderau, Helmut Brück und Kirsten Ludanek, Urheber: Karl Follen, 1825, Volksliederarchiv)

Brüder, so kann's nicht gehn,
lasst uns zusammen stehn!
Duldet's nicht mehr!
Freiheit, dein Baum fault ab,
jeder am Bettelstab,
beißt bald ins Hungergrab.
Volk ans Gewehr!

Brüder in Gold und Seid,
Brüder im Bauernkleid,
reicht euch die Hand!
Alle ruft Teutschland's Not,
alle des Herrn Gebot:
Schlagt eure Plager tot.
rettet das Land!

Revolutionäres Oberhessen: Zur Melodie von „God save the King" lässt der Jurist Karl Follen im frühen 19. Jahrhundert ein Freiheitslied singen. Zur Welt gekommen ist er 1796 in Romrod als Sohn des Gießener Advokaten Christoph Follenius und dessen Frau Rosine, geborene Buchholz, aus Wetzlar. Mehrfach wechselt der radikale Demokrat das Land, dann auch den Kontinent: Als Karl

Follen 1824 in der Schweiz verhaftet werden soll, flieht er nach Amerika. Sein jüngerer Brüder, der Gießener Anwalt Paul Follenius, wird knapp zehn Jahre später nachkommen. Paul und sein Schwager, der Nieder-Gemündener Pfarrer Friedrich Münch, verbreiten 1833 eine „Aufforderung und Erklärung in Betreff einer Auswanderung im Großen aus Teutschland in die nordamerikanischen Freistaaten". Ihre Schrift wird der Grundstein zur Gießener Auswanderungs-gesellschaft. Nach und nach wollen Follenius und Münch ein Stück neues, freiheitliches Deutschland auf amerika-nischem Boden schaffen. Gemeinsam mit Gleichgesinnten, die sich einen Neuanfang leisten können.

Paul Follenius: „Wir beabsichtigen, alle deutschen Aus-wanderer zu einer großen Gesellschaft zu vereinigen, so dass alle in einer und derselben Gegend sich anbauen."

Friedrich Münch: „Wo wir Teutschen bleiben können mit teutscher Sprache und Sitte, wo wir unsere Einrichtungen nach gemeinsamer Übereinkunft uns selbst machen, uns Alle gegenseitig aufs Kräftigste unterstützen und unter dem Schutz der Regierung der Freistaaten ein freies, friedliches und glückliches Leben führen können."

Paul Follenius: „Dies ist möglich, wenn alle deutschen Auswanderer sich in derselben Gegend ansiedeln, bis mit Hilfe spätern und allmähligen Zuwachses von Landsleuten aus der alten Heimath, auch aus einzelnen Staaten der Union selbst, ein teutscher Freistaat, ein verjüngtes Teutschland in Nordamerika, sich gestalten und teutsche Nationalität eine geachtete Stimme im Völkerbund erwerben kann."

Friedrich Münch: „An die ersten Colonien sollten alljährlich neue sich anschließen, bis die nöthige Bevölkerung
vorhanden wäre, die zum Eintritt eines neuen Staates in
die Union erforderlich ist. Da uns die in der alten Welt so
lange vergebens bekämpften politischen und sozialen
Gebrechen nur zu wohl bekannt waren, und in der neuen
Welt alles von vorne zu machen war, auch nur unbescholtene und freisinnige Menschen in die Gesellschaft
aufgenommen werden sollten, so hofften wir, wenn auch
im Kleineren, eine deutsche Musterrepublik herzustellen,
von welcher eine wohlthätige Rückwirkung selbst auf das
alte Vaterland zu erwarten wäre."

Der Sozialrevolutionär Friedrich Ludwig Weidig, der als
Rektor in Butzbach arbeitet, in Europa gut vernetzt ist
und von der Obrigkeit ständig überwacht wird, soll sich
ihnen anschließen. Doch Weidig weigert sich. Es kommt
zu einem Grundsatzstreit. Für Weidig ist es Verrat an der
Revolution, sogar am Vaterland, die Heimat zu verlassen,
wenn man am meisten gebraucht wird. Die Mitglieder
der Gießener Auswanderungsgesellschaft aber sehen im
Großherzogtum Hessen-Darmstadt keine Zukunft für sich
selbst und ihre Kinder. Münch und Follenius versuchen,
vor allem auch Gelehrte für ihr ehrgeiziges Projekt zu
gewinnen.

Friedrich Münch: „Wir rechnen nicht bloß auf die Theilnahme von Solchen, die bisher schon als Ackerbauer und
Handwerker an härteres Arbeiten gewöhnt waren."

Paul Follenius: „Es ist gerade die Theilnahme der Gebilde-
ten unerläßlich, damit das erforderliche Maaß geistiger

Ausbildung dem ganzen für jetzt und für alle Zukunft gesichert werde."

Friedrich Münch: „Es leuchtet ein, daß dieses Unternehmen, soll es nicht in sich zerfallen, durchaus nur von solchen begonnen werden könne, welche wenigstens so bemittelt sind, daß sie, außer den Kosten der Überfahrt, hinreichend Vermögen besitzen, um in Nordamerika als Grundeigenthümer ankaufen oder ein anderes Gewerbe unternehmen zu können. Ebenso ist klar, daß nur unbescholtene und fleißige Familien, welche frei von Standes- und Geburtsdünkel sind, in unsere Gesellschaft aufgenommen werden können."

Der deutsche Pionierverein von Cincinnati, Ohio, veröffentlicht 1876 Gedichte von Münch, auch eins vom April 1834, das er „beim Abschied von der alten Welt" geschrieben hat (Der deutsche Pionier, 1876, S. 2):

Wechselvolles Menschenleben,
wer ertrüge sein Geschick,
wäre Hoffnung nicht gegeben?
Sie, die Seele zu erheben,
zeigt uns ferne Ruh' und Glück.
Mag im Flug die Zeit entschweben,
Hoffnung soll das Herz beleben
bis zum letzten Augenblick!

Wie hat Carl Schurz gesagt, der an der Märzrevolution von 1848 beteiligt und vier Jahre später von England aus mit seiner Frau Margarethe, geborene Meyer, in die Vereinigten Staaten geflohen war?

„Ideale sind wie Sterne. Wir erreichen sie niemals, aber wie die Seefahrer auf dem Meer richten wir unseren Kurs nach ihnen aus."

Hoffmann von Fallersleben, der Dichter der deutschen Nationalhymne, hat als Vorkämpfer der Demokratie viel Zeit im Exil verbracht, aber nicht den Weg über den Atlantik gewählt. Sein vorläufiges Texas sei Holdorf, hat er sinngemäß einmal verkündet, nachdem er Auswanderer nach Güstrow begleitet und mit ihnen „Hin nach Texas!" gesungen hatte. Freunde und Bekannte hat er in die Ferne ziehen sehen und ihnen 1844 ein Lied hinterher geschrieben. Zu hören ist es auf der CD „Die Schiffe nach Amerika" der preisgekrönten Bremer Gruppe „Die Grenzgänger", einem Stück, vertont von Michael Zachcial. „Brüder, lasst uns froh sein" heißt es. Untertitel: „Hier am Mississipi":

Brüder, laßt uns froh jetzt das Glas erheben,
denn wir können frei nur im Ausland leben:
Können ohne Paß überall spazieren,
ohne Polizei, täglich kommersieren.
Hier am Mississippi.

Freies Denken gilt so wie freies Sprechen
nirgend, nirgend hier für ein Staatsverbrechen.
Hier macht kein Gendarm jemals uns Bedrängnis,
und kein Bettelvogt führt uns ins Gefängnis.
Hier am Mississippi.

Adel, Ordenskram, Titel, Rang und Stände
und solch dummes Zeug hat allhie ein Ende.

Hier darf nie ein Pfaff mit der Höll uns plagen,
nie ein Jesuit uns die Ruh verjagen.
Hier am Mississippi.

Früher lebten wir gleichsam nur zur Strafe,
und man schor auch uns eben wie die Schafe.
Brüder, laßt uns drum singen, trinken, tanzen!
Keiner darf und kann hier uns je kuranzen,
hier am Mississippi.

Michel, baue nicht ferner deine Saaten
fürs Beamtenheer und die Herrn Soldaten!
Michel, faß ein Herz, endlich auszuwandern:
Hier gehörst du dir, dort nur stets den andern,
hier am Mississippi.

Das Interesse an der Auswanderungsgesellschaft ist so
groß, dass sie die Liste schon bald schließen müssen. Für
500 Personen werden Passagen bei der Bremer Reederei
Everhard und Frederik Delius bestellt. Die erste Hälfte reist
am 31. Oktober 1831 mit Follenius auf der „Olbers" über
New Orleans voraus. Münch führt die zweite Gruppe an
und wird vom Pech verfolgt. Das Schiff, das sie nehmen
wollen, kommt nicht. Auch ein zweites fällt aus. Und so
warten 260 Frauen, Männer und Kinder auf der Weser-
insel Harriersand bei Brake darauf, dass es weitergeht. Der
Buchhändler Cornelius Schubert, ein 21-Jähriger aus
Dessau, führt Tagebuch:

„Etwa 200 Schritte von dem Hauptarme der Weser liegt
unsere Wohnung, welche im untern Stocke aus 4 Stuben

und I Küche, die vom Wirthe und dessen Gesinde bewohnt wird und I Kuhstalle besteht: Im obern Stock unter dem Dache befindet sich der Heuboden, welcher zu unsern Schlafstellen eingerichtet ist, so, daß auf beiden Enden durch Segeltücher Verschläge eingerichtet sind, in deren einen die Männer, im andern die Mütter und die Kinder schlafen und ihre Sachen aufgestellt haben. Neben diesen Wohnhause befindet sich noch ein Kuh- und Pferdestall, und unsere Küche, welche aus einem unter dem Rauchfange angebrachten kupfernen Bottich oder Braupfanne besteht."

Im Juli 1834 geht es für die, die noch dabei sein wollen, endlich mit der „Medora" nach Baltimore. Auf der Passagierliste stehen Emigrantinnen und Emigranten unter anderem aus Thüringen, Coburg und Hessen, darunter etwa 30 Bauern, etwa zehn Akademiker und rund 50 Handwerker, sechs Dienstmädchen, Frauen ohne Beruf und etwa 50 Kinder, darunter Münchs siebenjährige Tochter Pauline und sein sechs Jahre alter Sohn Adolf, die Kinder seiner verstorbenen Frau Marianne, geborene Borberg. Einer der Säuglinge an Bord gehört ebenfalls zur Familie Münch: Es ist das Kind von Friedrichs zweiter Frau Louise, geborene Fritz. Über die „Medora" schreibt Cornelius Schubert in seinem Tagebuch:

„An beiden Seiten befinden sich eine Reihe Kojen, in welchen wir unsere Schlafstellen aufgeschlagen haben – und noch eine andere Reihe darüber. Das ganze Zwischendeck ist etwa 7-8 Fuß hoch und gibt uns Raum genug zum An- und Ausziehen und zum Essen und Trinken (...) Hinter der Treppe befindet sich unser Kochstand mit

zwei kupfernen Kesseln. (...) Sodann folgt die Rettungsscha-
luppe. In derselben befinden sich zwei milchende Ziegen.
Nach diesen kommt die Schiffsküche (...) Das Schiff hat
drei Masten und ein Bugspriet und kann 32 Segel
beisetzen. Die Mannschaft besteht aus dem Capitain, dem
Ober- und Untersteuermann, 12 Matrosen, 2 Köchen, 1
Aufwärter des Capitains, und 2 Schiffsjungen, zusammen
20 Mann."

Über die Ankunft in Amerika schreibt Cornelius Schubert:
„Der erste Mensch, welcher uns aus der Neuen Welt
entgegentrat, war der Einnehmer der Kopfsteuer, welche
jeder Einwandernde mit anderthalb Dollar erlegen muß
und welche zur Erhaltung von einem Hospital für kranke
Einwandernde verwendet wird. Nachdem uns dieser
Einnehmer verlassen hatte, erschien der Arzt, welcher den
Gesundheitsstand sämtlicher Reisender untersuchte. Die
Hitze war unerträglich und musste es für uns umso mehr
sein, da wir kurz zuvor so viel Kälte auszustehen hatten."

Kapitän Griffith hat es nicht eilig. Er will das Gepäck seiner
Passagiere erst am anderen Morgen an Land bringen
lassen. Also packen die Auswanderer selbst an und tragen
die Kisten von Bord. Die Steuereinnehmer von Baltimore
warten schon. „Alle Sachen, welche nun zum eigenen
Gebrauch gut sind, sind steuerfrei, so auch Tuch und
Leinen, Bücher und alles, was die Künste und Wissen-
schaften fördert. Nach einem achttägigen Aufenthalt in
dieser wirklich recht schönen Stadt mietete ich im Verein
mit zwei Familien einen Frachtwagen", schreibt Cornelius
Schubert. „Wir luden unser Gepäck darauf und fuhren so
zur Stadt hinaus. Zwei Weiber, ein Dienstmädchen und 6

Edition Falkenberg

Utopia
Aufbruch in die //
Utopie

Das Buch über die Gießener Auswanderungsgesellschaft.

Kinder, alle unter 7 Jahren, hatten sich auf dem Wagen Platz gemacht. Wir Männer gingen vor, hinter und neben dem Wagen, um die oft herunterfallenden Kleinigkeiten wieder hinaufreichen zu können. Ich mit Doppelflinte, Hirschfänger und Jagdtasche beladen."

Die Frachtwagen brauchen zwei Wochen über das Alleghanny-Gebirge. Weitere zwei Wochen dauert die Fahrt mit dem Dampfboot auf dem Ohio und dem Mississippi nach St. Louis. Die Reise war strapaziös, vor allem für die Jüngsten. Friedrich Münch: „Die Kinder litten unter peinigendem Hautausschlag und ich musste nach Ankunft mein jüngstes Kind begraben, das unter den verderblichen klimatischen Einflüssen allmählig erlag."

Die Auswanderungsgesellschaft hat sich nach und nach aufgelöst. Bei Dutzow, in einer hügeligen Landschaft am Missouri, siedelt sich Familie Münch an, nicht weit von Paul Follenius und der Farm von Gottfried Duden. Der Remscheider Jurist und ehemalige Friedensrichter ist schon 1824 nach Amerika gereist und hat nach seiner Rückkehr massiv für die Emigration geworben. Sein Buch „Bericht über eine Reise nach den westlichen Staaten Nordamerikas und einen mehrjährigen Aufenthalt am Missouri in den Jahren 1824 bis 1827" hat viele seiner Landsleute von einem besseren Leben träumen lassen. Von einem Schlaraffenland in Übersee mit Apfel-, Birn- und Kirschbäumen, wilden Weinreben und Jagdgründen, die keinem Adeligen gehören. Wer ein Gewehr hat, kann auf die Jagd gehen, Hirsche, Truthühner, Feldhühner, Tauben, Fasane oder Schnepfen erlegen.

Gottfried Duden: „Man wird und kann es in Europa nicht glauben, wie leicht und angenehm es sich in diesem Lande leben läßt. Es klingt zu fremdartig, zu fabelhaft. Der Glaube an ähnliche Oerter auf der Erde war schon lange in die Märchenwelt verbannt. Die Bewohner der Mississippi-Länder halten dagegen die Berichte über die Noth in Europa für übertrieben. Daß es dort so viele weiße Menschen gebe, welche bei der größten Anstrengung kaum in einem ganzen Jahre so viel Fleisch genießen, als hier in wenigen Wochen den Hunden vorgeworfen wird, daß manche Familien, ohne die milden Spenden anderer, gar verhungern oder im Winter erfrieren würden, dies bezweifeln die Bürger des Missouri-Staates, samt ihren Sclaven, so sehr, daß sie solche Aussagen nur auf die Absicht, Amerika schmeichlerisch lobpreisen zu wollen, zu beziehen pflegen."

Die Gießener Auswanderungsgesellschaft hat sich von Duden beraten lassen. Was Friedrich Münch nachträglich bedauert: „Nach den von Duden gegebenen Schilderungen hatten wir uns die Sache einigermaßen anders gedacht, nämlich so, daß bei dem noch unangebrochenen hiesigen Naturreichthume es hinreichen würde, etwa die Hälfte unserer Zeit der rauhen Arbeit zu widmen, und daß die andere Hälfte frei bleiben würde für verschönernde Arbeiten, zur Fortbildung und zum Unterrichten der Kinder. Aber wir fanden des Nothwendigen so viel zu thun, daß wir kaum einige Freistunden uns gönnen durften."

So hatten sie es sich nicht vorgestellt.

Friedrich Münch: „Wir waren auf schmale Kost gesetzt. Kartoffeln und anderes Gemüse, auch Obst waren gar nicht und kaum Brot und Fleisch zu haben. Wir rieben den noch nicht ganz reifen Mais auf mitgebrachten Reibeisen, und aus diesem Mehle suchten die Frauen mit lobenswerter Erfindungsgabe mancherlei Gerichte zu bereiten, während die Jagdflinte Spechte, Eichhörnchen, Tauben und anderes Wild lieferte. Dies wurde besser, nachdem wir selbst ausgesät und geerntet hatten. Nun war ein ganzes Heer von deutschen Kindern da und keine Schule. Ich entschloß mich, mehrere Tage die Woche gegen eine sehr mäßige Vergütung Schule zu halten."

Der Bamberger Georg Treu hat 1848 in seinem Ratgeber für Auswanderungswillige den Staat Missouri so beschrieben: „Missouri. Größe 66.973 Meilen oder 42.863.018 Acres. Einwohner: 383.702. Die Niederungen an den Flüssen sind weniger gesund, aber fruchtbar, sie bringen Baumwolle, Reis, Tabak, Mais und Getreidearten in Menge hervor; doch enthält auch das höher gelegene Land große Strecken reichen Bodens, der sich nicht blos zum Anbaue alter Getreidearten, sondern auch wegen der reichen Wiesenflächen zur Viehzucht vortrefflich eignet. Mancher Farmer besitzt zwei- bis dreihundert Stück Rindvieh und vier- bis 500 Stück Schweine. Groß ist der Reichthum des Landes an nutzbaren Metallen und an jeder Art Wild, wodurch er von keinem anderen Theile der Union übertroffen wird. Durch den Missouri und seine zahlreichen Nebenflüsse ist die günstigste Gelegenheit zum Absatze der Erzeugnisse geboten. Bereits blühen Handel und Manufakturen und nirgends führt, wie man behauptet, der Landbauer ein angenehmeres und gemächlicheres Leben als in diesem Staate. (...) Die vorzüglichsten Städte sind Jeferson-City mit 2427 Einwohnern, St. Louis mit

25.810 Einwohnern. Das letztere ist bereits jetzt ein bedeutender Handelsplatz."

Pauline Münch, die Gordian Busch heiraten und 13 Kinder bekommen wird, erinnert sich an die Anfangsjahre in Amerika: „Als wir in Amerika angekommen waren, kaufte mein Vater eine Farm. Es war aber nur ein kleines Feld da und ein Loghaus zur Wohnung. Das Übrige war alles Wald. Nahe Nachbarn gab es nicht. Die Wildniß war noch so groß, dass man abends die Wölfe heulen hören konnte. Wir Kinder fürchteten uns dann sehr. Doch durch des Vaters eiserne Willenskraft und Ausdauer und den steten Fleiß meiner Mutter, die von früh bis spät arbeitete, kamen wir über die ersten sehr harten Jahre hinweg. Es fehlte uns damals an jeder Bequemlichkeit. Alle Mittel zum Lebensunterhalt waren theuer und wir hatten kaum Möglichkeiten, etwas einzunehmen. Manchmal kaufte der Vater Korn, aber um es zu Mehl zu verwandeln, mußte man einen Sack voll aufs Pferd laden und einen weiten Weg zur Mühle damit reiten. Weizen gab es nur wenig. Für uns war es ein Festessen, wenn es einmal Weizen-gebackenes gab. Auch das Wasserholen war beschwerlich. Es mußte aus einer Quelle einen langen Hügel hinauf-getragen werden. Wie viele Eimer habe ich in den kommenden Jahren da herauf geschleppt? Aber ich war gesund und auch glücklich dabei, denn ich wußte, dass es sein mußte. Fremde Hilfe hatten wir in den ersten Jahren wenig gehabt. Der erste Winter war besonders hart für mich, da das Wohnhaus sehr undicht war. Es hatte nicht einmal eine ordentliche Grundmauer und wir hatten nur einen Kamin zum Heizen. An dem mußte auch gekocht werden. Abends zogen wir die Betten ans Feuer, wo dicke

Holzklötze die ganze Nacht brennen mußten. Aber es war überall undicht. Wenn es nachts stürmte und schneite, lag morgens Schnee auf meiner Bettdecke. Das Wasser, was morgens zum Kaffeekochen hereingeholt wurde, war fest zugefroren. Das Brot mußte in eisernen Töpfen zwischen Kohlen gebacken werden, denn man kannte noch keine Kochherde. Wir hatten auch nur wenige Möbel und die Auswandererkisten mußten als Sitze dienen. Unsere Schuhe machten wir selbst. (...) Jetzt glaubt einem das doch beinahe niemand mehr, aber es ging alles."

Im Podcast zu hören: „*Gläichhääd'* (Gleichheit), mein Coversong auf „Der Mond ist aufgegangen" von Matthias Claudius, gesungen von unserem von Veronika Bloemers (Klavier) geleiteten Projektchor bei unserem Benefiz-konzert für „Reporter ohne Grenzen" bei den Alsfelder Kulturtagen 2022.

1844 stirbt Paul Follenius an Typhus, vier Jahre nach seinem Bruder Karl, der bei Long Island bei einem Dampfschiff-unglück umgekommen ist. Pauls Witwe Maria, die sich in den USA Mary nennt, steht mit ihren Kindern beinahe mittellos da. Sie schreibt an ihre Schwägerin Luise Vogt-Follen, die im Schweizer Exil lebt: „Wie kann ich nur die nothwendigsten Geldmittel für die Winterkleidung der Kinder herbeischaffen? Julia übernimmt in Schnee und Kälte die härtesten Arbeiten, dennoch musste ich ihren bescheidenen Wunsch, da sie weder Mantel noch irgend-etwas der Art besitzt, ein wollenes Kleid für Sonntag anzuschaffen, unerfüllt lassen. (...) Mein eigener Körper ist seit vorigem Winter beständig leidend. Ich darf dem Gedanken nicht nachhängen, in welcher Lage und mit welchen Gewöhnungen wir Euch und Europa verließen und wie jetzt die unsrige beschaffen ist. Auch will ich bei Gott nicht klagen, wenn ich nur sehe und weiß, daß wir, wie bisher, auf eine anständige Weise fortbestehen können."

Mit Anstand fortbestehen – dazu hat für Friedrich Münch gezählt, seinen Idealen treu zu bleiben und in der neuen Heimat in die Politik zu gehen. Obwohl Münch, Follenius und andere Männer aus der Gießener Auswanderungsgesellschaft sich mit dem Roden von Wald und mit der Feldarbeit schwertun und als „Latin farmers" (gelehrte Bauern) verspottet werden, verzichten sie darauf, Sklaven in der Landwirtschaft einzusetzen. „Menscheneigenthümer" nennt der Geistliche die Sklavenhalter, und mehr als einmal werden er und seine Familie mit dem Tod bedroht. Allerdings ist sowohl auf seiner Farm als auf der seines Bruders Georg 1850 eine Sklavin registriert, die der Ehefrau bei der Arbeit im Haus und beim Versorgen der größer werdenden Kinderschar hilft.

Es sei die einzige Möglichkeit gewesen, eine Hilfe zu bekommen, schreibt seine Tochter Pauline, die inzwischen selbst Hausfrau und Mutter ist und eine Sklavin als Magd hat, in einem undatierten Brief an eine Tante in Deutschland: „Es sind nun schon 2 Jahre, da kaufte mein Mann ein Negermädchen von 13 Jahren (...), weil man (...) Hülfe hier gar nicht mehr haben kann. Ich habe mich lange dagegen gesträubt, weil ich den Gedanken nicht ertragen konnte, daß ich eine Sklavin besitzen sollte, denn ich habe immer schreckliche Abscheu von diesem Handel, doch was soll man machen, wenn man in einem Lande wohnt, wo solches erlaubt ist und man anders sich nicht helfen kann. Man tut so einem Geschöpfe noch eine Wohlthat damit, wenn man, wie wir gethan haben, sie von einem harten Herrn kauft und sie dann menschlich behandelt. Das Mädchen hat es so gut wie unser eigenes Kind, sie hat ihre ordentliche Nahrung und Kleidung und wird freundlich behandelt. Die Freiheit fehlt ihr freilich, aber dafür hat sie durchaus keine Sorgen."

Was soll man machen, wenn man in einem Lande wohnt, in dem Sklaverei erlaubt und Freiheit nicht allen Menschen vergönnt ist? Was kann man tun, wenn eine größer werdende Zahl von Amerikanern sich gegen Einwanderung wendet? Friedrich Münch, der sich als Patriot und Einwanderer betrachtet, als Kämpfer für gleiche Rechte und Freiheit, verachtet diese selbst ernannten "Einheimischen" und nennt sie hasserfüllt und selbstsüchtig. Falls irgendwelche Amerikaner wirklich Einheimische seien und keine Einwanderer, sagt der Mann aus Hessen am 4. Juli 1840 in einer Rede, dann wären es „die rothäutigen Jäger" gewesen, die vom weißen Mann mit Gewalt aus dem Land ihrer Geburt vertrieben worden seien.

Rückblickend schreibt er an die Deutschen in Missouri: „Freiheit des Gedankens kann eigentlich kein Gesetz dem Menschen nehmen, und Freiheit der Rede und Schrift und Freiheit im ganzen Benehmen, sofern nicht ausdrücklich das Eine und Andere verboten ist, sind uns zwar durch die Gesetze des Landes vollständig verbürgt, in Wirklichkeit aber befanden wir uns unter einer immerwährenden Bevormundung von Seiten der Sklavenhalter. Nicht alle mögen dies gleich empfunden haben, weil sie in ihrem alltäglichen Thun gerade nicht beengt waren und andere Dinge sich weniger bekümmerten; aber leugnen kann niemand die schmachvolle Tatsache, daß wir in diesem sogenannten freien Lande keine freien Menschen waren, vielmehr der Laune der Sklavenhalter uns fügen mussten. Durften wir den Menscheneigenthümern sagen, was wir von der schwarzen Leibeigenschaft denken? Durften wir den Sklaven sagen oder auch nur stillschweigend durch unser Betragen gegen sie andeuten und merken lassen, daß wir sie für Menschen halten und daß auch sie menschliche Rechte haben?"

Im Podcast zu hören: Die erste Strophe von „Die Gedanken sind frei", gesungen vom Duo EigenArt aus Nidderau und dem Publikum in der Ober-Gleener Barockkirche am Weidig Wochenende 2015.

Andere Mitglieder der Gießener Auswanderungsgesellschaft – wie der Reformpädagoge Georg Bunsen aus Frankfurt am Main oder Cornelius Schubert aus Dessau – entscheiden sich lieber gleich für einen Staat ohne Sklaverei. Cornelius Schubert hat in Belleville, Illinois, geheiratet und 1847 gemeinsam mit seiner Frau Louisa und anderen in Missouri eine kommunistische Kommune gegründet, die „Sociality" in Atchison County. Lange hat sie nicht Bestand, und so ziehen die Schuberts zurück nach Illinois. 1862 wird ihr Sohn Oswald im Bürgerkrieg getötet.

Auch zwei der Söhne von Friedrich Münch haben – wie Tausende anderer Deutschstämmiger in Missouri – auf der Seite der Nordstaaten gekämpft. Der Jüngere, Berthold, ist 1861 in einer dieser Schlachten umgekommen.

„Er war ein blühender Jüngling, noch nicht 18 Jahre alt, von reinem, edlem und treuem Sinn. Noch so jung, wollte er es sich doch nicht nehmen lassen, mit seinem älteren Bruder in den Kampf zu ziehen", schrieb Friedrich Münch in einem Nachruf, der am 1. September 1861 in einer deutschsprachigen Zeitung unter der Überschrift „Opfer für die gute Sache" veröffentlicht worden ist. Und der vorletzte Satz der Trauertextes macht deutlich, wie ihm zumute ist: „Jeder der Millionen Verrätherseelen, die wir in diesem Lande haben, ist mitschuldig an dem vergossenen Blute und an der über Zahllose gebrachten Trauer."

Dass Auswanderer ihr Weltbild nicht auf ihre neue Heimat übertragen sollten, diese Ansicht hat Georg Treu in seinem Ratgeber von 1848 vehement vertreten. Er habe den amerikanischen Kontinent seit gut 20 Jahren bereist, sagt der Autor über sich und versucht, seinen Landsleuten auch die amerikanische Mentalität nahezubringen: „Der Amerikaner meint höher zu stehen, glücklicher, freier, geschickter zu sein als der Europäer und lässt sich in diesem Vorurtheil nicht ungestraft stören. Wer mit dem Gedanken auswandert, dort als Europäer leben zu können, ist (...) auf einem irrigen Weg. Meint er gar, er könne dort mit seiner Bildung glänzen, Aufklärung verbreiten, kurz, sein Licht leuchten lassen, so wird es in den meisten Fällen misslingen. (...) Man kann ferner nicht oft genug wiederholen, daß Jeder, der nach Amerika will, die dort herrschende Sprache fertig und ohne Anstoß sprechen muß, um nur einigermaßen fortzukommen. (...) Die deutsche Sprache gilt dort, gleicht der irländischen, für einen Jargon des gemeinsten Pöbels."

Gerade die Frage der Sklaverei birgt Zündstoff.

Georg Treu: „Schon in den südlichen und westlichen amerikanischen Staaten, welche Sklaven halten, (...) tritt der Gegensatz der amerikanischen und europäischen Eigenthümlichkeit noch krasser hervor. (...) Wer dort leben will oder muß, dem ist sehr zu rathen, sich in jeder Rücksicht (...) zu acclimatisiren. Die Sklaverei der Neger und Mischlinge (...) gibt der dortigen Lebensart eine gewisse Sittenlosigkeit. (...) Welcher Ansicht man in dieser Beziehung inzwischen auch sein mag, so fühlt doch wohl ein Jeder, daß der Reisende, der sich eine Zeitlang in Sklavenländern aufhält oder der dort sein Brod sucht (...), nicht das Recht habe, auf den Plantagen seine philan-thropischen Grundsätze zu predigen (mir sind solche Unvorsichtigkeiten vorgekommen). "

Der Bamberger war offenbar kein glühender Anhänger der deutschen Sozialrevolution. Oder versteht sich als Diplomat.

Georg Treu: „Was würde man in den guten Zeiten des Feudalwesens in Deutschland dazu gesagt haben, hätte ein Durchreisender oder Einer, der Anstellung suchte, den Dynasten ermahnt, seine Concubinen abzuschaffen und die Unterthanen doch nicht so unmenschlich zu schinden. Genug, um anzuraten, daß jeder Fremde, welcher Gegen-den betritt, wo Sklaven gehalten werden, sich dieser Abscheulichkeit völlig fügen, und, wie in Rußland gegen die Leibeigenen, das landübliche Verfahren beobachten muß. Wer dergleichen nicht übers Herz bringen kann, bleibe weg. Er muß oft die grausamen Züchtigungen im

Nothfall ebenso kalt ansehen können wie der Pflanzer selbst, denn zeigt ein Weißer einem Schwarzen Mitleid, so hält dieser die Strafe für ungerecht, und es ist überhaupt gar nicht schwer, unter diesen Unglücklichen den Samen der Empörung auszustreuen. Mißverstehe mich doch keiner, weil ich ehrlich die Sache darstelle, wie sie ist. Ich weiß aus Erfahrung, wie gefährlich es ist, in Ländern und auf Inseln, wo Sklaven gehalten werden, sich in diese traurigen Verhältnisse einzumischen und den Menschenfreund spielen zu wollen; ich warne jeden jungen Menschen vor solcher Einmischung."

Als Verfechter des Menschenhandels möchte Georg Treu auf keinen Fall dastehen: „Die Sklaverei ist ein widernatürliches Verhältniß: das räumen alle vernünftigen Sklaven-Eigner selbst ein, und sehr viele wünschen, daß sie ohne Sklaven mit Tagelöhnern ihre Plantagen bebauen können, doch sowie sie dieses einräumen, sind auch eine Menge an sich harter Zwangsmaßregeln und eingeführte Gebräuche, zum Beispiel die Absonderung der gesellschaftlichen Verbindungen nach der Farbe, so daß ein wahres Kastensystem entsteht, gewissermaßen entschuldigt. Ich war nie Plantagenbesitzer; nur einzelne Neger habe ich mein genannt und sie nie anders behandelt, als wie man freie Dienstboten zu behandeln pflegt. Ich rechne es für ein Glück, daß ich nie in die Lage versetzt ward, eine Anzahl dieser Unglücklichen halten zu müssen."

Über die Schwarzen sagt er dennoch: „Der Genuß der Freiheit hat für diese Menschen überhaupt wenig Reiz, denn Freineger sind gerade die, welche überall am meisten Noth leiden. (...) Man hat wahrlich in Europa im

Ganzen noch eine ganz falsche Vorstellung von der Individualität der Neger und Farbigen; es gibt kein genußsüchtigeres, sorgloseres, trägeres Volk wie sie, und dadurch allein wird die völlige Nichtigkeit dieser philanthropischen Pläne offenbar. Wer also in jenen Gegenden leben und fortkommen will, muß sich gewöhnen, die Neger aus dem Gesichtspunkte zu betrachten, aus welchem man sie in jenen Gegenden gewöhnlich zu betrachten pflegt – gleichsam als menschliche Lastthiere, und leider gewöhnt man sich leicht daran."

Friedrich Münch hat sich weder von Drohungen noch von Ratschlägen davon abhalten lassen, gegen die Sklaverei vorzugehen. Im November 1864 werden er und sein Freund Arnold Krekel aus Langenfeld im Rheinland zu Delegierten der Generalversammlung von Missouri gewählt. Deutsche Radikale wie sie geben hier den Ton an. Ganz oben auf der Tagesordnung der konstituierenden Sitzung in St. Louis steht die Abschaffung der Sklaverei. Arnold Krekel unterschreibt sie am 11. Januar 1865. Als Senator bringt Friedrich Münch kurz darauf ein Gesetz ein, das Schwarzen Schulbildung ermöglicht. Arnold Krekel fordert, ihnen auch das Wahlrecht zu geben. Das aber ist selbst manchen Radikalen zu radikal. Die Abstimmung über die Verfassung im Juli 1865 wird von den Soldaten der Unions-Armee mitentschieden, und damit von vielen Deutschamerikanern.

Der Traum, einen eigenen deutschen Staat in den USA zu gründen, ist nicht in Erfüllung gegangen. Die Familie Münch aber hat viele Spuren in der amerikanischen Geschichte hinterlassen, in der Politik, im Weinbau, in der

Geschichte des Bürgerkrieges und des Kampfes gegen die Sklaverei. Der Dokumentarfilm „Utopia" von Peter Roloff, der den Spuren der Gießener Auswanderungsgesellschaft in Deutschland und den USA folgt, hat seine Weltpremiere 2014 auf dem St. Louis International Film Festival gefeiert und ist in Deutschland inzwischen ein Schulfilm, eine Unterrichtseinheit zur Geschichte der Demokratie. Mehr oder weniger als Reaktion darauf ist das Buch „The Historic 1830s German Immigration to Missouri" veröffentlicht worden. Einer der Autoren ist James F. Muench aus der Familie von Friedrich Münch. Sein Vorfahr, ein überzeugter Anhänger des Philosophen Immanuel Kant, und andere aus der Gießener Auswanderungsgesellschaft hätten keine Utopie schaffen wollen, sagt er, „sie waren einfach auf der Suche nach Freiheit, genau wie die Migranten von heute".

Friedrich Münch folgte Kants Maxime, andere zu allen Zeiten so zu behandeln, wie du selbst behandelt werden willst, was zum Beispiel bedeutete, die Sklaverei zu bekämpfen. Im Dialekt von Oberhessen würde diese Maxime in etwa so klingen, gesungen zur Melodie von „Go Down Moses" (aus meinem Lied über drei NS-Opfer mit Wurzeln in Ober-Gleen: Betty Baer, geborene Sondheim, Ruth Stern Glass Earnest und Elsa Eislöffel).

„Woas dir käis duh soll,
doas sollsde aach kemm duh!
Gugg derr jeden eenzenn oo,
dann leannsde woas dèzu!"

Was dir niemand tun soll,
sollst du auch keinem tun!

Guck dir jeden einzeln an,
dann lernst du was dazu!

Die Geschichte der deutschen Einwanderer und Einwanderinnen ist international von Interesse: 2019 hat ein Absolventenforschungsseminar der Universitäten von Missouri-Kansas City, Missouri-St. Louis und Hamburg zu dem Buch „German migration to Missouri" geführt, das online steht. Nachfahren von Friedrich Münch haben sich zur Münch Family Association zusammengeschlossen. Einer von ihnen, der inzwischen verstorbene Mediziner Karl Muench, hat herausgefunden, dass die Familie nicht nur Sympathien für Lincoln hatte, sondern auch durch Heirat mit den Roosevelts verwandt ist. Marie Münch Follenius, die Schwester von Friedrich und Georg Münch, hatte neun Kinder, genau wie ihre Tochter Mathilda Follenius Lange. Mathildas Tochter Adelheid Lange hat sich als kubistische Bildhauerin einen Namen gemacht. 1905 heiratet die 26-Jährige den Filmemacher Cornelius Louis Andre Roosevelt, einen Cousin von Theodore Roosevelt. Leila Roosevelt, Adelheids Tochter, heiratet den Fotografen Armand Denis, mit dem sie unter anderem in Afrika Filme dreht.

Über die Frauen der Gießener Auswanderungsgesellschaft und so viele andere Pionierinnen erfahren wir wenig. Sind sie von ihren Ehemännern oder Vätern gefragt worden, ob sie ihre Heimat verlassen wollten?

Schwesdern, so kann's nit gieh

Schwesdern, so kann's nit gieh,

mir winn nit foadd voo hieh,
doch wer freechd ins?
Mir krieje bluus die Keann,
schderwe mir – ausem Seann!
Hieh wie doadd duh merr feann
Ärwed on Mieh!

Schwesder eam bermse Rogg,
Schwesder, die ech nie sogg,
mache ins foadd!
Mir gieh baal off è Schiff,
wail ins die Fraihääd riff,
doch nie woas fier ins liff,
nit hieh, nit doadd!

Schwesdern, die Kealle sai
als voanne med dèbai,
saa, sie wiern frai!
Mir saa käi eenzech Woadd,
mir gieh edds merrenn foadd,
oo enn gaans annern Oadd,
schwääche dèbai.

Schwestern, so kann's nicht gehn

Schwestern, so kann's nicht gehn,
wir wollen nicht weg von hier.
Doch wer fragt uns?
Wir kriegen bloß die Kinder,
sterben wir – aus dem Sinn!
Hier wie dort finden wir
Arbeit und Müh!

Schwester im blauen, festen Rock,
Schwester, die ich nie gesehen habe,
wir fahren weg!
Wir gehen bald auf ein Schiff,
weil uns die Freiheit rief,
doch nie was für uns lief,
nicht hier, nicht dort!

Schwestern, die Männer sind
immer vorne mit dabei,
sagen, sie wären frei!
Wir sagen kein einzig' Wort,
wir gehn jetzt mit ihnen fort,
an einen ganz andern Ort,
schweigen dabei.

Das Missouri Germans Consortium und andere Engagierte halten die Erinnerung an die Pionierinnen hoch. Wie die amerikanische Ahnenforscherin Dorris Keeven-Franke. Die preisgekrönte Autorin hat sich an dem Buch „Utopia" beteiligt, war eine der Mitwirkenden des gleichnamigen Films und des internationalen Kulturprojektes „Reisende Sommerrepublik", das ab 2005 mehrfach in Bremen und auf dem Harriersand Station gemacht hat. Ihre Leidenschaft gilt der Lokalgeschichte, vor allem auch der Frauengeschichte und der Geschichte der Sklaverei, und dem Austausch mit anderen. Eines ihrer Programme ist „Pauline's Diary". Pauline Busch, geborene Münch, die Tochter von Friedrich Münch and dessen erster Frau, hat Briefe und ein Tagebuch hinterlassen. Ihre Geschichte sei typisch für die deutscher Frauen, die zu Tausenden im 19.

Jahrhundert in Missouri eingewandert seien, sagt Dorris Keeven-Franke.

Pauline musste viele Schicksalsschläge verkraften. Und was muss ihre Stiefmutter Louise Münch empfunden haben, als sie kurz nach dem Tod ihres Vaters und zwei ihrer Brüder und nachdem sie selbst nach der Geburt ihres ersten Kindes beinah im Kindbett gestorben war, mit ihrem Baby auf eine so anstrengende Reise gehen musste? Wie mag es gewesen sein, in der Wildnis von vorn anzufangen, vier von zwölf Kindern früh zu verlieren und den 18 Jahre alten Berthold im Bürgerkrieg, eine Farm aufzubauen und eine wachsende Familie zu versorgen?

Es braucht viel Fantasie, um sich vorzustellen, wie sich das anfühlte. Nun, Louises Mann hat es versucht – in seinem Emigrantenführer „Der Staat Missouri", den er 1859 auf einer Werbereise durch Deutschland und die Schweiz vorstellte. Mit dem Buch sollten sich künftige deutsche Auswanderer auf die Neue Welt vorbereiten, um nach ihrer Ankunft besser zurechtzukommen. Der verstorbene Historiker Siegmar Muehl hat im Jahrbuch für Deutsch-Amerikanische Studien 1998 darüber geschrieben. Münch habe vor allem Männer im Blick gehabt, war sein Eindruck. „Eine Ausnahme kommt in dem Kapitel über das Landleben vor", stellte Muehl fest. In diesem Kapitel wird die Frau des Immigranten als diejenige erwähnt, die die Erfahrung des Farmlebens mit ihm teilt.

„Ein Mann kann nur zufrieden sein, wenn seine Frau es auch ist. Viele Frauen, wenn sie auf dem Land leben müssen, fühlen sich unwohl, teils durch das, was sie

Waschmaschine aus dem 19. Jahrhundert im Museum von Homberg/Efze.

zurückgelassen haben, teils durch das, was von ihnen verlangt wird. Doch die große Mehrheit der deutschen Frauen stellt sich mit gutem und bereitwilligem Willen auf die neue Situation ein", schrieb Friedrich Münch. „Unsere Frauen haben hier bedeutende und schwierige Aufgaben. Dabei fühlen sie sich wichtig, werden nie von Langeweile geplagt und sind zufrieden mit dem, was sie für ihre Familie erreichen. Sie halten ihr Haus sauber und ordentlich, kochen, backen, waschen, stricken, flicken, nähen (einige machen Männerkleidung besser als ein Schneider), kümmern sich um Kinder, melken die Kühe, machen Butter, Käse und Seife, trocknen die Früchte, kochen Marmeladen, bereiten Obst und Gemüse, pflegen die Blumen- und Gemüsegärten und das Geflügel. In der Tat weben viele sogar die notwendigen Stoffe für den Hausgebrauch. (...) Trotz alledem hören Frauen nicht auf, als kultivierte Menschen zu leben. Sie sind das Zentrum des intimen und warmen Familienlebens."

Ab 1866 wurde Münchs Emigrantenführer in Bremen verlegt, erst von Müller und ab der zweiten Ausgabe 1875 von Hauschild. Zwei Jahrzehnte waren vergangen, seit das Buch herausgekommen war. Das Leben auf der Farm ist ein wenig einfacher geworden, auch für die Frauen, obwohl sie noch immer nicht unter Langeweile leiden. Die erwähnten Maschinen werden noch nicht von Strom angetrieben. Und jede helfende Hand wird gebraucht: „Die deutschen Hausfrauen erfreuen sich jetzt meistens sehr zweckmäßiger Öfen, welche eine Vorrichtung zum Braten, zum Brot- und zum Kuchenbacken und zum Heizen größerer Wassermengen haben; sie sind wohl zufrieden mit den hiesigen Kochgeschirren, Waschmaschinen, Milchgeschirren, Einmachbüchsen u. a. m. und sorgen dafür, daß der Tisch immer gut und reichlich besetzt ist. (...) Gute Keller sind eine gute Annehmlichkeit, und selbst Eishäuser, auch Badanstalten werden immer mehr angelegt. Trotz manchen Erleichterungen sind doch die Aufgaben der hiesigen Farmersfrau nicht gering. Rauhe Arbeit in Feld und Scheune wird ihr nicht zuge-muthet; sie hält aber ihr Haus rein und ihren Garten in Ordnung, besorgt Kochen, Waschen, Nähen (neuerdings mit Hülfe der Nähmaschine, Spinnen (nur Wolle), Stricken, Obsttrocknen, das Federvieh und die Milchwirtschaft, kocht ihre Seife, verpflegt die Kinder und wird doch mit Allem, indem von Frühem an alle Familienmitglieder nach Kräften mithelfen, zu rechter Zeit fertig, wird auch dabei nicht stumpf oder bäurisch, findet vielmehr auch zu geselliger Erholung die nöthigen freien Stunden. Die Mädchen sind im fünfzehnten Jahre erwachsen. Und dann behalten wir sie selten länger als noch ein Paar Jahre."

In dem historischen Auswandererroman „Jürnjakob Swehn der Amerikafahrer" immerhin fühlt sich der Ich-Erzähler, ein Pionier, den Frauen in seiner Familie nicht überlegen. Die Vorlage für das Buch waren hoch- und plattdeutsche Briefe, die der Auswanderer Carl Wiedow aus Mecklen-burg, der mit seiner Frau Elisabeth 1868 nach Victor, Iowa, gekommen war, an seinen früheren Lehrer geschrieben hatte. Der Sohn des Lehrers, Johannes Gillhoff, machte 1917 einen Erfolgsroman daraus, der schon bald auch in hessischen Dörfern gelesen wurde.

Wie das Kapitel, in dem seine schlagfertige Frau Wieschen und seine ebenso schlagfertige Tochter wieder einmal das letzte plattdeutsche Wort hatten. Darin heißt es: „So, nu brennt de Piep wedder, un Wieschen schellt, dat ick ehr de witten Gledinen gel smök. Wieschen, segg ick, du büst en Irrgeist. Wo kan dat woll angahn, dat de blag Rok ut min brun Piep din witten Gledinen gel farwt? Un sei seggt: Jürnjakob, seggt sei, wo is dat woll mäglich, dat unsern Buren sin swart Kauh gräun Gras frett un doch witt Melk un gel Bodder gifft? Und min Dirn seggt: Wo is dat mäglich, Vadding, dat de hellsten Blitze grad ut de düstersten Wulken kamen? So, dor hadd ick min Deil. Lat sick man einer mit de Frugenslüd in! Siehe, das ist eine ganz andere Nation, die, wo lange Haare hat.“

Eine ganz andere Nation... Das sieht Friedrich Münch von der Gießener Auswanderungsgesellschaft ein bisschen anders. 1848, im Jahr der Paulskirchenversammlung in Frankfurt am Main, hat er in Missouri einen Aufsatz über die gesellschaftliche Stellung und die Rechte von Frauen geschrieben. Wir haben Stücke daraus übersetzt und geben das Rednerpult frei: „Es ist heute viel von der ‚Emanzipation der Frau‘ die Rede, als ob der Mann die Frau in einer unwürdigen Abhängigkeit hielte. Von einer vollständigen Gleichheit der natürlichen Bestimmung von Mann und Frau jedoch, einer Gleichheit ihrer Stellung im Leben, träumen, wie ich meine, bislang sehr wenige. Die Natur hat so etwas nicht gewollt. Nun, ich sage nicht, dass die Bestimmung einer Frau, ihre Stellung im Leben, ihre Rechte und Pflichten weniger wert seien als die des Mannes, aber sie unterscheiden sich stark. Wird etwa Toleranz, obgleich eine lobenswerte Tugend, zu weit getrieben, kann sie einem Mann unter Umständen als Schwäche ausgelegt werden, während eine Frau sogar moralisch dazu verpflichtet sein mag, sie zu üben. Kurz, das Betätigungsfeld für jedes Geschlecht ist von der Natur ganz klar abgesteckt. Die größte Vervollkommnung einer Frau kann nur im Haushalt und in der Familie erreicht werden, die des Mannes im öffentlichen Leben. Ein Mann herrscht dank körperlicher Kraft, dank seiner Fähigkeiten und seiner Intelligenz, eine Frau dank der Unwiderstehlichkeit der Liebe, der Unschuld, des Taktes, der Zartheit, kurz, dank ihrer Liebenswürdigkeit. Und wer kann sagen, welche der beiden Arten von Herrschaft stärker oder edler ist? Ich jedoch würde nicht wollen, dass sich Frauen in öffentlichen Geschäften betätigen, auf die die Natur sie weder körperlich noch geistig vorbereitet hat."

Da spricht der protestantische Pfarrer, seiner Zeit in vielem voraus, aber doch ein Kind seiner Zeit, von der gottgewollten Ordnung. Und weiter: „Der Mann ist der Frau nicht überlegen, noch ist sie ihm überlegen. Die Wahrheit ist, sie sind erschaffen, sich zu ergänzen, sind nicht gleich, sondern kongenial. Im Laufe meines Lebens habe ich nie eine Frau, ob Jungfrau oder Ehefrau, getroffen, die sich ernsthaft gewünscht hätte, dass die natürliche Ordnung der Dinge ins Gegenteil verkehrt werde. Je kultivierter eine Frau ist, desto mehr ist sie sich der Stellung ihres eigenen Geschlechts bewusst, ihrer Pflichten und des besonderen Liebreizes, der mit der Erfüllung dieser Pflichten verbunden ist. Ich sage deshalb: Eine Frau soll keinen direkten Einfluss auf die Politik oder die Ausführung unserer Gesetze haben. Sie wird repräsentiert durch ihren Vater, ihren Ehemann et cetera. Und er wäre ein schlechter Rechtsgeber, wenn er nicht das Wohl beider Geschlechter im Auge hätte."

Also kein Wahlrecht für Frauen?

„Ich glaube", predigt Friedrich Münch, der Politiker, „die weibliche Hälfte unserer Bevölkerung ist heute, in dieser Republik, besser repräsentiert, als wenn Weibsleute über die Flure des Kongresses wandelten oder auf dem Präsidentensessel Platz nähmen. Um dieses Land ist es nicht dermaßen schlecht bestellt, dass wir die Frauen zu Hilfe rufen müssten. Lasst uns Männer sein, wahre Männer, und wir werden ein Mittel gegen jedes Übel finden. Ich sage aus tiefster religiöser Überzeugung: Wenn ihr wirklich die liebenswerten Eigenschaften des weiblichen Charakters schätzt, dann haltet eure Ehefrauen und Töchter fern von Geschäften, die geeignet sind, die Zartheit ihrer Gefühle und die Reinheit ihrer Herzen zu verletzen."

So halten es die meisten Männer in der alten Heimat. Die Nationalversammlung der Paulskirche, das erste gesamtdeutsche Parlament, dürfen Frauen 1848 nicht mitwählen. Frauen dürfen nicht mitdiskutieren, sich auch nicht zur Wahl stellen. Was ihnen bleibt, ist, die Debatten der Männer von der „Damengalerie" aus zu verfolgen und dazwischenzurufen. Das Rednerpult bleibt ihnen verwehrt, der Platz in einem Parlament auch noch für bis nach dem Ersten Weltkrieg. Im 21. Jahrhundert hat die US-Amerikanerin Ruth Stern Gasten, eine Verfolgte des NS-Regimes und Emigrantin aus Nieder-Ohmen, im Nachwort ihrer Biografie ein Motto ihres Lebens erwähnt: „Democracy is not a spectator sport." Demokratie ist kein Zuschauersport. Die zweite Podcast-Folge endet mit dem Lied: „Die Gedanken sind frei", gesungen vom Duo EigenArt und Publikum beim Weidig-Wochenende 2015 in Ober-Gleen.

Wollte nicht ins Exil: Friedrich Ludwig Weidig im Museum in Kirtorf.

Schiffszwieback und Captain's Dinner

Wie eine Fünfjährige und ein Siebzehnjähriger aus Hessen in zwei verschiedenen Jahrhunderten ihre erste Seereise erlebt haben

Heute an Bord
(Seemannslied aus dem 19. Jahrhundert, Komponist unbekannt, deutscher Text vermutlich von Paul Vollrath, 1903, für den Podcast aufgenommen vom Shantychor Bremen-Mahndorf)

Verschwunden der Strand,
entschwunden das Land,
Schiff auf hoher See.
Rings um uns her
nur Wellen und Meer,
ist alles, was ich seh.
Leis die Wellen wiegen,
Möwen heimwärts fliegen,
golden strahlt die Sonn,
Herzen voller Wonn,
Heimatland, ade!

Auf Oberhessisch würde die erste Strophe ungefähr so klingen:

Foadd eas dè Schdraand,
foadd easses Laand,
Schiff off huucher See.

Reangs im ins rim
naut wie Wenn on Meer,
eas alles, woas ech säih.
Lais die Wenn ins wieje,
Meewe heemwäadds flieje,
golde schdrahld die Sonn,
Heazze voller Wonn,
Heemedlaand, addee!

Begleiten wir zwei junge Menschen aus Hessen auf ihrer ersten Seereise: einen Melsunger, der es im 19. Jahrhundert vom Schiffsjungen zum Kapitän gebracht hat und dem größten zivilen Unglück in deutschen Gewässern entgangen ist, und eine seetüchtige Fünfjährige aus Nieder-Ohmen, die 1939 die Flucht ihrer Familie aus Nazi-Deutschland als Abenteuer erlebt hat.

Ruth Stern Gasten: „Hamburg Hauptbahnhof! Hamburg Hauptbahnhof! Endstation! Alles aussteigen", rief der Schaffner. Zwischen Hunderten anderer Fahrgäste gingen mein Vater und meine Mutter in die Bahnhofshalle. Papa trug zwei große Koffer und Mama zwei kleinere. Papa stellte seine auf den Bahnsteig. Ich trug einen warmen Mantel gegen die Januarkälte. Mama hatte ihn in Gießen gekauft, und ich fand ihn so hübsch. Meine Mutter hatte viel Proviant eingepackt für die neunstündige Fahrt von Nieder-Ohmen nach Hamburg, wo wir an Bord des Schiffes gehen würden, das uns nach Amerika bringen sollte."

Ihr kleines Dorf im Vogelsberg haben sie schweren Herzens verlassen, ihr Hab und Gut verkauft, von Freunden und Verwandten Abschied genommen. Josef Stern war im KZ gewesen, wie viele jüdische Männer nach der Pogromnacht 1938. Mit dem Wenigen, das er, seine Frau Hanna und seine Tochter Ruth mitnehmen dürfen, erreichen sie Hamburg. Als jüdische Emigrantinnen und Emigranten müssen sie letzte Kontrollen, Schikanen und Demütigungen über sich ergehen lassen, bevor sie Deutschland verlassen können und endlich außer Gefahr sind.

Ruth Stern Gasten: „Zwischen anderen mit Koffern beladenen Fahrgästen wurden wir zu Bussen geleitet, die uns alle zum Hafen bringen sollten. Der Bus hielt vor einem großen Gebäude an, das einmal ein Kaufhaus gewesen sein musste. Meine Mutter und ich wurden in einen Bereich für Frauen geleitet. Beamtinnen waren dort im Einsatz. Nachdem wir das Spießrutenlaufen hinter uns hatten und unsere Kleider wieder anziehen durften, wurde uns befohlen, nach draußen zu gehen. Ich sah ein riesiges Schiff. Es schien groß genug zu sein, um alle Einwohner von Nieder-Ohmen aufzunehmen, und alle Gießener gleich mit. Papa erzählte mir, das Dampfschiff sei die ‚Deutschland'. Ich konnte es kaum erwarten, diese schwimmende Stadt zu betreten.“

Edmund Valentin Badenhausen ist eines von acht Kindern von Philipp Badenhausen, eines Amtsaktuars für die gerichtliche Polizei im Justizamt Melsungen, und dessen Frau Eleonore, geborene Schiricke, die aus Hamburg stammt. Mit seinen 17 Jahren ist Edmund noch lange nicht volljährig, als er mit dem Segen seiner Eltern 1857 Melsungen verlässt. Und er geht allein. Der junge Nordhesse heuert bei der Hamburg-Amerikanischen Packet-

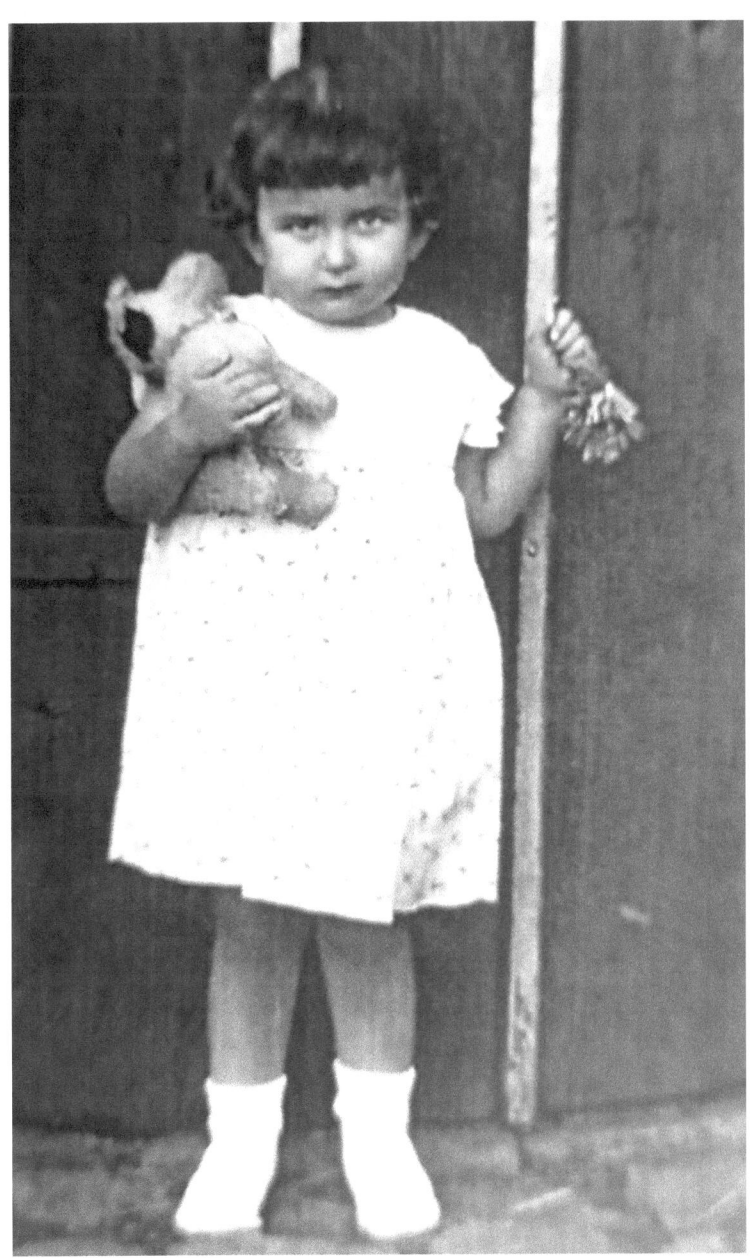

Ruth Stern als Kind in Nieder-Ohmen.

fahrt-Actien-Gesellschaft an, der Hapag, auch Hamburg-Amerika-Linie genannt. Er schreibt Briefe in Tagebuchform und schickt sie an seine Eltern, mit der Bitte, sie gut aufzuheben, damit sie später einmal veröffentlicht werden können. Seine Enkelin Ida Hase hat sie übersetzt.

Am 11. Oktober 1857 schreibt er sinngemäß: „Am 2. Oktober ist die mit Sehnsucht erwartete ‚Oder‘ aus New York hier eingelaufen, nach einer sehr schnellen Fahrt von nur 27 Tagen. Ich habe mich dem Inspektor der Hapag vorgestellt und hatte das Glück, meinem heutigen Kapitän zu begegnen. Er machte sofort einen vortrefflichen Eindruck auf mich, ein sehr freundlicher Mann, der einen gefestigten Charakter hat. Ich sollte wiederkommen, und das tat ich, und dort traf ich wieder auf den Kapitän, als ob er auf mich gewartet hätte. Der Inspektor notierte auf ein Stück Papier, was ich brauchen würde, und der Kapitän ging mit mir, seinem künftigen Schiffsjungen – Ihr könnt Euch meine Überraschung vorstellen –, zum Ausrüster, der alles für mich heraussuchte. Als ich gefragt wurde, wann ich an Bord gehen wollte, sagte ich: Am liebsten sofort!"

So schnell geht es dann doch nicht. Edmund kehrt zunächst einmal Familie Beßen zurück, die ihn in Hamburg bei sich aufgenommen hat und sich so gut um ihn kümmert, dass er gar keine Worte dafür findet. Am nächsten Tag begleitet sein Cousin Wilhelm ihn an Bord. Der Steuermann aber mustert den Jungen einfach nur mit einem sarkastischen Grinsen. Er habe noch nicht gelernt, was Arbeit sei, sagt er dem 17-Jährigen auf den Kopf zu und will ihn nur dann als Schiffsjunge akzeptieren, wenn ihm der Inspektor die entsprechenden Papiere ausstellt.

Ruth Stern Gasten 2017 mit den beiden Ausgaben ihres Buches.

Sobald Edmund sie hat, geht er erneut an Bord und steht ganz verloren an Deck. Die Seeleute lassen den Neuen links liegen, niemand zeigt ihm, wo sein Platz an Bord sein wird, wo er sich umziehen kann, um zu arbeiten, oder wo er schlafen soll.

Edmund Badenhausen: „Als ich fragte, antworteten sie mir nicht und machten sich über mich lustig. Ein zentnerschweres Gewicht lag auf meinem Herzen, und ich hätte beinahe laut geweint. Endlich hat sich eine mitleidige Seele meiner erbarmt, namentlich ein Helfer des Schiffskochs. Er zeigte mir die Kajüte, den Raum, wo die Seeleute untergebracht sind, wo sie essen, schlafen und alles Mögliche tun. Ich zog mich schnell um und fragte, was ich tun sollte. Man hieß mich, den Kompass putzen, und dann half ich beim Laden. Um halb sechs war Essenszeit. Das Abendessen bestand aus Kartoffeln, die mit Zwiebeln gekocht waren, Tee oder Milch und Zucker, Pumpernickel und Schiffszwieback. Außerdem Roggenbrot, das wie Matze schmeckt und sehr hart ist. Es dauert lange, bis es im Tee aufgeweicht ist. Und es gibt Butter, die eigenartig riecht. Die anderen haben sie dick auf ihr Brot gelegt, aber ich habe sie dünn aufs Brot gestrichen."

Auch Ruthchen Stern betritt eine neue Welt. Die Crew behandelt alle Passagiere gleich, von Antisemitismus, wie sie ihn in Deutschland erlebt hat, ist nichts zu spüren. Und für ein kleines, wissbegieriges Mädchen gibt es unendlich viel zu entdecken.

Ruth Stern Gasten: „Stell dir vor, du bist ein fünf Jahre altes Kind, geboren und aufgewachsen in einem kleinen Dorf im Deutschland der Dreißigerjahre, und du findest dich auf einem Ozeandampfer wieder – dem weltgrößten Spielplatz. Denk darüber nach. Auf einem Ozeandampfer kannst du nicht verloren gehen. Die gefährlichen Bereiche auf dem Schiff haben verschlossene Türen mit großen roten „Zutritt verboten"-Schildern, um die Passagiere fernzuhalten. Es gab so viel zu betrachten: die breiten, mit dicken Teppichen belegten Treppen, die von einem Deck zum nächsten und dann zu den Kabinen führten. Die Spielsalons, in denen Erwachsene Schach, Karten und andere Spiele spielten. Das Spielzimmer für Kinder mit seinen Aufziehpuppen, Spielen, großen Kissen, Puppen und Plüschtieren in allen Größen und Formen. Die Salons mit den großen Fenstern, durch die man einen Blick aufs Topdeck hatte, wo die Erwachsenen Cocktails tranken, Snacks aßen und sich unterhielten. Das Schönste von allem war der große Speisesaal mit seinen wundervollen Kronleuchtern. Die Tischtücher auf den runden Tischen waren aus Leinendamast. In einem Wasserglas war an jedem Platz eine pastellfarbene Stoffserviette arrangiert. In der Mitte eines jeden Tisches stand eine kleine Wasserschüssel mit frischen Blumen."

So viel Luxus hatte es in Oberhessen nicht gegeben.

Ruth Stern Gasten: „An Deck sah ich überall lächelnde junge Männer in dunkelblauen Uniformen und blütenweißen Hemden. Jeder von ihnen hatte ein langes Blatt Papier in der Hand. Einer von ihnen kam auf uns zu und sagte: „Willkommen an Bord der Deutschland. Ich bin Erich. Ich werde Ihr Steward sein." Er öffnete die Tür zur Kabine, einem kleinen Raum, in dem alles sauber und ordentlich war. Es gab zwei normale Betten und ein Kinderbett für mich, das unter einem kleinen runden Fenster stand, das Erich Bullauge nannte. Es gab sogar einen Schrank, zwei Nachtschränkchen und ein kleines Bad. Alles war entweder an der Wand oder am Boden befestigt. Bald darauf fand ich heraus, warum."

Zurück nach Hamburg ins Jahr 1857. Als die Arbeit an Bord getan ist, gehen die Seeleute an Land, um nach der langen Überfahrt ihre Heuer auszugeben. Der neue Schiffsjunge bleibt zurück. Wo soll er schlafen? Jemand zeigt ihm eine Koje, die er mit einem anderen Jungen teilen wird. Der Andere ist krank, seine blutige, verschwitzte Matratze hat man auf der Fahrt im Meer entsorgt. Seitdem schläft er auf den Brettern.

Edmund Badenhausen: „Er ist schrecklich schmutzig und hässlich. Er wäscht sich selten. Und das ist jetzt mein Bettgenosse. Ich habe inzwischen mein Bett gemacht. Eine harte Matratze, gefüllt mit Seegras, und eine dünne Pferdedecke, das ist mein Bett. Um acht Uhr muss das Licht aus sein auf allen Schiffen im Hamburger Hafen. Dann liegt jeder im Bett. Oder, besser gesagt, dann quetscht sich jeder in sein Bett. Ich schlief ein, und selbst im Schlaf hörte ich noch, wie die Wellen an den Bug des Schiffes schlugen, denn die Quartiere der Mannschaft sind vorne im Schiff."

Für Edmund Badenhausen beginnt die erste Nacht an Bord. Um sechs Uhr ist sie zu Ende. Als er irgendwann wieder in Hamburg ist, schreibt er an seine Eltern und alle anderen, die es lesen werden: „Am nächsten Morgen bin ich aufgewacht und war wie gerädert. Das ist nicht verwun-

Kapitän Edmund Badenhausen aus Melsungen.
(Foto: C..Fr..Schönborn, Ruhla/Th.)

derlich, wenn man bedenkt, dass wir angezogen ins Bett gehen, namentlich mit einem blauen, wollenen Unterhemd, einem blauweißen Unterhemd, weißen Wollunterhosen und Wollstrümpfen, die bis über die Knie gehen. Tagsüber kommen schwere Seemannsschuhe dazu und ein Messer an einem Gurt, der über den Körper gestreift wird. Dazu dann noch eine Schottenmütze, einem Bischofshut sehr ähnlich, und eine graue Lederhose. Das ist meine Kleidung."

Im Jahr 1857 lernt der Schiffsjunge, dass es nicht üblich ist, an Bord „Guten Morgen" zu sagen. Er wäscht sich an einem Wassereimer und bekommt sein erstes Frühstück.

Edmund Badenhausen: „Wir tranken Kaffee ohne Milch oder irgendetwas anderes. Danach gab es Schinken, Pumpernickel und Schiffszwieback. Danach begann die Arbeit. Ich habe geputzt und poliert. Um acht Uhr gab es Frühstück, dasselbe wie um sechs. Trotz der Arbeit habe ich mich gelangweilt und hatte schreckliches Heimweh. Ich dachte an Euch, liebe Eltern, an die unvergessenen Stunden des Abschieds, die guten Ratschläge, das liebevolle Nicken hinauf zum Fenster, als ich über den Marktplatz ging. Ich konnte kaum meine Tränen zurückhalten. Alle beobachten mich, wenn ich arbeite, und auch jetzt, während ich dies schreibe, sind meine Tränen zahlreich in Gedanken an Euch, liebe Eltern, an Verwandte und Freunde. Wenn man weg ist von daheim, wird einem erst so richtig klar, warum einem die Eltern, die Brüder, die Schwestern und das Zuhause so lieb und wert sind, was für einen Schatz man zurückgelassen hat, während man unter fremden Menschen ist, die nicht ein einziges mitfühlendes

Catharina (Schoemer) Badenhausen, Edmunds Frau.
(Foto: Dimmers, Hoboken N.Y.)

Wort für einen haben. Sie machen sich sogar über die Tränen eines Menschen lustig, der an seine Lieben denkt, befehlen ihm, zu arbeiten, fluchen und lästern. Das gilt vor allem für Seeleute. Man muss sich vor ihnen in Acht nehmen, einen starken Charakter haben."

Mir schwewe
(Frei nach der Melodie: I am sailing/Rod Stewart, im Podcast gelesen)

Joa, mir schwewe, joa, mir schwewe
ewwersch ploè Meer dohean!
Joa, mir schwewe, woarn doch ewe
noch eam säichde Wasser drean!

Gruuse Wääde, gruuse Wääde
brääd sech vier ins all hieh aus,
gruuse Wääde, gruuse Wääde,
es gidd ean die Weald enaus.

Joa, mir schwewe, joa, mir schwewe,
Gäul zieh ins nooch Ewwersee,
Gäul, die wohl eam Hemmel läwe,
hääse Weand, freasse käi Häh!

Joa, mir schwewe, joa, mir schwewe.
Insenn Wääg eas nit zè säih,
doch mir schwewe, joa, mir schwewe
merrem Schiff wohl ewwer See!

On mir dreeme, joa, mir dreeme
voo demm Laand om Horizont,

wu merr all sai dann die Fremde,
voo Indianer woarsch bewuhnt.

Joa, mir schwewe, joa, mir schwewe
wie die Gedder iwwern Dääch,
winsche ins è besser Läwe
ean nem Laand, voo Dreeme rääch!

Wir schweben

Ja, wir schweben, ja, wir schweben
übers blaue Meer dahin!
Ja, wir schweben, warn doch eben
noch im seichten Wasser drin!

Große Weite, große Weite
breitet sich vor uns allen aus,
große Weite, große Weite,
es geht in die Welt hinaus.

Ja, wir schweben, ja, wir schweben,
Pferde ziehn uns nach Übersee,
Pferde, die wohl im Himmel leben,
heißen Wind, fressen kein Heu!

Ja, wir schweben, ja, wir schweben.
Unser Weg ist nicht zu sehn,
doch wir schweben, ja, wir schweben,
mit dem Schiff wohl über See!

Und wir träumen, ja, wir träumen
von dem Land am Horizont,

wo wir all sind dann die Fremden,
von Indianern war's bewohnt.

Ja, wir schweben, ja, wir schweben
wie die Götter übern Teich,
wünschen uns ein bessres Leben
in nem Land, von Träumen reich!

Die „Deutschland", mit der die Familie Stern 1939 nach New
York fährt, kommt in schwere See.

Ruth Stern Gasten: „Das Schiff hatte gerade erst seine Reise
nach Southampton in England begonnen. Der Wind war
stärker geworden. Der Seegang nahm zu, und das Schiff
rollte. Als ich vom Oberdeck zurückkam und die Tür der
Kabine öffnete, sah ich meine Mutter auf dem Bett liegen,
und ihr Gesicht war blass. Papa erklärte mir: „Deine Mama
scheint ein bisschen seekrank zu sein. Sie wird sich vielleicht
besser fühlen, wenn sie etwas gegessen hat." Aber Mama
fühlte sich nicht besser. Sie fühlte sich schlechter und
schlechter. In der Mitte der Woche packte es meinen
Vater auch. Erich rettete mich: Schon am gleichen Abend
aß ich am Kapitänstisch. Die jungen Offiziere und andere
Gäste fragten mich aus und hörten sich sogar meine
Antworten an. Ich erzählte ihnen von Onkel Meier und
Tante Hedwig und meinen beiden Cousinen. Ich erzählte
ihnen, wie sehr ich die Kuh Rosi liebte. Ich erzählte ihnen
auch, dass die Regierung meine geistig zurückgebliebene
Tante in ein Krankenhaus hatte bringen lassen und wie
sehr ich hoffte, sie würde dort Freunde finden. Und ich
werde euch etwas erzählen, das Mama nie herausgefunden hat. Der Kapitän und seine Freunde ließen mich

zwei oder sogar drei Nachspeisen essen, wenn ich wollte. Mama und Papa taten mir schon irgendwie leid, aber ich hatte so eine gute Zeit beim Essen am Kapitänstisch, und es machte mir so viel Spaß, zu gehen, wohin ich wollte, dass ich mir heimlich wünschte, die beiden würden seekrank bleiben."

Mit Seekrankheit haben viele auf ihrer ersten Fahrt zu kämpfen, aber auch erfahrene Seeleute können davon befallen werden. Das Problem ist: Die Augen übermitteln an das Hirn, dass der Körper sich im Ruhezustand befindet, und das Gleichgewichtsorgan im Innenohr, Muskeln und Gelenke nehmen Bewegung wahr. Wer hat Recht? Es kommt zu Schwindel und Übelkeit, Sehstörungen und Kopfschmerzen, Schweißausbrüchen und weiteren Symptomen, bis zum Kreislaufzusammenbruch und Todeswunsch. Seekranke übergeben sich, weil ihr Körper aufgrund der Symptome auf eine Vergiftung schließt und den Mageninhalt möglichst schnell loswerden will.

Im 21. Jahrhundert empfehlen Medizinerinnen und Mediziner „Antihistaminika, die spätestens vier Stunden vor dem Ablegen einzunehmen sind, vorbeugend aber auch Vitamin C, Ingwer, Akkupressurbänder, frische Luft, konzentrierte Arbeit, warme Kleidung. Wichtig ist, den Blick auf den Horizont zu richten, in der Schiffsmitte zu bleiben, ausreichend Wasser zu trinken, zu schlafen und leichte Mahlzeiten zu sich zu nehmen, also Obst und Gemüse, rohe Karotten, Suppen, Zwieback, Kamillen-, Pfefferminz- und Ingwertee. Auf der Liste der Lebensmittel, auf die Seekranke besser verzichten sollten, stehen histaminhaltige Lebensmittel wie Salami, Hartkäse, Sauerkraut, Tomaten,

Erdbeeren, Spinat, Schokolade, Knabberzeug, Walnüsse, Bananen, Kaffee, Schwarztee, grüner Tee und Alkohol".

Bis zu 90 Prozent der Menschen sollen anfällig sein für Seekrankheit, auch Menschen, die schon seit langer Zeit zur See fahren. Nur Kinder unter zwei Jahren werden nie seekrank, weiß der freiwillige Seenotarzt Dr. Jens Kofahl von der Deutschen Gesellschaft zur Rettung Schiffbrüchiger in Cuxhaven, der auf der Internetseite der DGzRS zitiert wird. In seinem Kanadaführer von 1897 ist Heinrich Lemcke noch davon ausgegangen, dass vor allem 15- bis 65-Jährige davon betroffen sind, selten Kinder oder Alte, Frauen häufiger als Männer: „Wenn je ein Leiden der Gegenstand menschlicher Klagen gewesen, so ist dies vor allem die Seekrankheit. Es ist eine Krankheit, während welcher man, wie man sagt: nicht leben und nicht sterben kann, und sie stellt sich bei den Passagieren ein, wenn das Schiff durch die Meeresbewegungen größeren Schwankungen unterworfen wird. Bei manchen hört die Seekrankheit, nachdem der Betreffende sich an die Schwankungen des Schiffes gewöhnt, nach einigen Tagen wieder auf. Andere verlässt sie nicht während der ganzen Reise und verschwindet erst wieder beim Betreten des festen Landes."

Aus amerikanischen Studien weiß Lemcke, was sich dagegen tun lässt: Drei Tage vor der Abfahrt ihres Schiffes sollen Reisende nach Rücksprache mit einem Arzt ein bromhaltiges Arzneimittel einnehmen. Ob der Autor auch davon gehört hat, dass Brom ursprünglich aus Meeresalgen gewonnen worden ist? Er empfiehlt eine Mixtur aus „Brometi natici 16 gram, Brometi amonici 8 gram, Aquae

Menthae Piperitae 250 gram. Zu nehmen einen Theelöffel voll vor dem Essen und vor dem Zubettgehen, drei Tage lang, bevor man sich an Bord begiebt. Verfasser dieses Werkes, der in den letzten sechs Jahren fünfzehnmal den Atlantischen Ocean kreuzte und auf diesen Reisen anfangs entsetzlich an Seekrankheit litt, hat die wirkliche Heilkraft obigen Mittels auch an sich selbst erprobt. Er ist nach Anwendung dieser ‚Bromisation' nicht mehr von dem Übel heimgesucht worden."

Die Eltern von Ruth Stern kennen das Mittel offenbar nicht. Und offenbar auch kein anderes. Aber irgendwann geht die Zeit der Übelkeit auch für sie zu Ende.

Ruth Stern Gasten: „Am Abend vor unserer Ankunft in New York wurde die See ruhig, und wir wachten von der großen Aufregung an Bord auf. Man konnte die Schritte der Passagiere in den Gängen hören, als sie zum Oberdeck eilten. Keiner wollte den Anblick der Freiheitsstatue verpassen. Wir drei schlossen uns an. „Schau! Da drüben ist sie!", rief Papa, als er mich hochhob. Alles, was ich sehen konnte, war ein großes dunkles Objekt in weiter Ferne im Wasser. Während wir Ausschau hielten, verwandelte sich die Statue in die majestätische Figur einer Frau in einem Kleid aus fließendem Stoff, die eine brennende Fackel hielt und uns in den Vereinigten Staaten begrüßte, wie so viele Einwanderer vor uns. Als wir die Gangway hinuntergingen, dachte ich an den netten Kapitän und die freundlichen Stewards. Ich fühlte mich umsorgt und verwöhnt und war der festen Überzeugung, dass es viele gute Menschen auf der Welt gibt. Was für ein wunderbares Abenteuer! Ich war bereit, mein Leben in Amerika zu beginnen."

Und was lernt der junge Melsunger auf seiner ersten Überfahrt? Das Leben eines Seemanns ist kein Zuckerschlecken.

Edmund Badenhausen: „Sagt Brill, dass er in der Heimat bleiben und sich dort einen ehrlichen Beruf suchen soll. Ich kann ihm versichern, dass die Arbeit hier draußen viel härter ist, wie er aus seinem Brief ersehen kann. Wenn ich das Glück habe, Kapitän zu werden, und ich mir etwas zurücklegen kann, dann kehre ich nach Hessen zurück, um meine letzten Tage dort zu erwarten. Es gibt keinen schöneren Ort als die Heimat. Wenn ich nach meiner zweiten Fahrt nach Melsungen heimkommen kann, werdet Ihr mich völlig verändert finden. Die Seeluft tut mir ohne Ende gut."

Aus dem Schiffsjungen wird tatsächlich ein Kapitän: Edmund Badenhausen besucht die Seemannsschule in Hamburg, macht das Offizierspatent und wird Erster Offizier, dann Kapitän des Postdampfers „Frisia". Ab 1878 führt er den Dampfer „Cimbria" der Hapag, der auf der Passage von Hamburg nach New York eingesetzt ist. Nachdem Badenhausen die Mannschaft des Schoners „Julia and Mary" aus Seenot gerettet hat, lässt ihm US-Präsident Hayes eine goldene Uhr zukommen. Zar Alexander II. zeichnet den hessischen Kapitän mit einem Orden aus, weil er russische Seeleute von einem sinkenden Schiff gerettet hat.

Im Alter von 41 Jahren geht der Familienvater in die USA und zugleich an Land. Hapag und der Deutsche Lloyd haben ihm eine andere wichtige Position angeboten. Er leitet ihr Pier in New York und wird im Februar 1883 Superintendent des neuen Piers der Hapag in Hoboken im New Yorker Hafen. Seinen Heimatort Melsungen wird der Kapitän aus Hessen nicht wiedersehen. Er wird sich mit seiner Frau Catharina Marie, geborene Schoemer, die Tini B genannt wird, den beiden Töchtern und den drei Söhnen in New Jersey niederlassen. Seine Enkelin Ida Hase erzählte ihrem Cousin Bayard Badenhausen 1959 in einem Brief, wie ihre Mutter sich an die Überfahrt erinnert hat.

Der Brief ist im englischen Original im Blog Badmorgen von Susan B. Eldridge, einer von Bayards Töchtern, nachzulesen. „Mutter hat mir oft von der stürmischen Überfahrt erzählt, wie die Stewards in ihren Stiefeln durch den Speisesaal schlidderten, wie die Liegestühle übers das Deck rutschten, an die Reling und wieder zurück", schrieb Ida Hase unter anderem. „Onkel Henry war noch ein winziges Baby damals. Man hat ihn in eine kleine Kiste gelegt."

In Badenhausens Amtszeit ist auch Gustav Freiherr von Berg aus Ungarn mit seiner Tochter und einer Gouvernante in Hoboken an Land gegangen. Seine Briefe aus dem Jahr 1893 sind im Jahr nach seiner Rückkehr unter dem Titel „An meine Lieben in der Heimat" verlegt worden. Im Vorwort schreibt er: „Mit 65 Jahren zu reisen, ist niemals angenehm, besonders wenn man eine achtzehnjährige Tochter besitzt, die ein ausgesprochenes Talent und besondere Vorliebe für große Reisen zeigt. Wäre ihr Wunsch allein maßgebend gewesen, wir säßen heute in Alaska, Japan oder Ostindien. Alte Erinnerungen werden in mir wach, mit achtzehn Jahren reiste ich am Pfingstfeste zum ersten Mal auf einer Eisenbahn von Harzburg nach Braunschweig. Heute hat jedes vierjährige Kind schon einige Tausend Kilometer zurückgelegt. Enfin, man muss dem neuen Zeitgeiste Rechnung tragen: „Mimi begleitet mich." Aber allein? Das wird schon schwieriger! Miss Pattison aus London, schon längere Zeit in unserem Hause, erbot sich mitzufahren, das Reisekleeblatt war fix und fertig."

Natürlich reist das Kleeblatt nicht im Zwischendeck der „Spree". Mit an Bord ist eine berühmte amerikanische Schleiertänzerin, Miss Fuller aus Fullersburg in Illinois, die einmal zugunsten der Seemannskasse auftritt. Nach neun Tagen Fahrt nähert sich die „Spree" New York, Hoboken und Bedloes Island, das als Ellis Island bekannter sein wird.

Gustav, Freiherr von Berg: „Das erste Stückchen Erde, das wir erblickten, war Sandy Hook Bar mit einem Leuchtturme. Wir fuhren durch den mit weißen und roten Lichtern versehenen Gedney Channel, dann durch die Narrows, und das großartigste Hafenbild der Welt lag vor unseren überraschten Blicken. In der Mitte, vis-à-vis von uns, New-York, ein langgezogenes Häusermeer, umgeben von einem Kranze von Hafenplätzen, Piers, die stark an die Urwälder des Hinterlandes erinnern, alles ist von Holz, noch provisorisch, nicht wie die quadersteinbekleideten Donauufer in Budapest; riesige Aufschriften bezeichnen die zahllosen Dampferrouten, Eisenbahnlinien und andere Dinge. Rechts liegt Brooklyn, eine Vorstadt mit 800.000 Einwohnern, und das verbindende Glied zwischen beiden die Brooklynbrücke, die größte Hängebrücke der Welt, 2000 Meter lang, ein Wunder menschlichen Scharfsinnes.

Die Cimbria auf einer Postkarte aus der Sammlung
der Familie Badenhausen.

Das Haus (Mitte) der Familie Badenhausen in Melsungen.

Links auf Bedloes Island empfängt uns die Statue der Freiheit von August Bartholdi, die größte Statue der Welt; Frankreich schenkte sie 1886 den Vereinigten Staaten. Und blicken wir rückwärts, ein liebliches Bild von Long Island, New-Jersey, mit ihren bewaldeten Höhen, kleinen Städten, Dörfern, prachtvollen und freundlichen Villen liegt hinter uns, vor uns ein großer Wasserspiegel mit Schiffen aller Länder, den größten Passagierdampfern, Dreimastern, Frachtdampfern, Yachts, Briggs, Fähren mit ganzen Eisenbahnzügen oder Omnibus. Fähren für Personen und Fuhrwerk, groß wie ein Stadtzinshaus für 1000 Personen und 20 Lastwagen mit Motoren, deren Balanciers über Deck reichen und ihnen einen eigentümlichen Ausdruck verleihen. Und dazu das Läuten der Schiffe, ihre Nebelhörner, ein Heidenlärm. Wir fliegen staunend bei allem vorüber, bis in den Hudson, der New York von Hoboken mit 43.000 Einwohnern trennt, dort landet unser Dampfer, wir sind in Amerika! Mit der Pünktlichkeit eines Schnellzuges landet unsere ‚Spree' morgens 8 Uhr an dem Pier des Bremer Lloyds Hoboken am linken Hudsonufer."

An seinem Pier in Hoboken hört alles auf das Kommando von Kapitän Badenhausen. Als er 1902 im Alter von 62 Jahren in New Jersey, stirbt, wird er von zahlreichen Menschen betrauert. Seine Frau Tini B hat eine ganze Reihe von Schiffsreisen nach Deutschland unternommen und 1912 auch die Verwandten in Oberhessen besucht. 1922 nimmt sie ihre 19-jährige Enkelin Ida, die gerade die Highschool abgeschlossen hat, mit nach Europa. Als sie abreisen, ist der Dollar 350 Mark wert. Als sie zurückkehren, 500. Die beiden Frauen haben Goldmünzen im Gürtel dabei, um bei Kasse zu sein. Das Inflationsgeld packen sie in ihre Überseekoffer, und wenn sie essen gehen, stapelt Ida die dicken Geldbündel unter dem Tisch und stellt einen Fuß darauf... Auf die Dauer ist es zu schwer, die Münzen einzutauschen, also lassen sie die Goldstücke in der Platinschmelze W. C. Heraeus in Hanau einschmelzen, wie Ida Hase 1980 in einem Brief berichtet, ein Jahr vor ihrem Tod. Eine der Urenkelinnen des Kapitäns war 1984 in Melsungen. Ihr Vorname ist Seefahrtsgeschichte: Cimbria.

Cimbria

Zwei Brüder wollten wandern
wohl nach Amerika –
sie fuhren mit viel andern
wohl auf der Cimbria.
Die Nacht, die war erst helle,
dann stieg der Nebel auf.
Das Schiff verfolgte langsam
den vorgeschriebnen Lauf
Da sahn sie plötzlich blinken
zur Seit' ein grünes Licht.
Hilf, Himmel, wir sinken!
Die Cimbria, sie bricht.
So leb denn wohl, mein Bruder,
ich fühl das Wasser schon!
Wir müssen all ertrinken,
wir alle sind verlorn!
Und musst du nicht ertrinken
und wirst gerettet hier,
dann ziehe in die Heimat

und grüße sie von mir!
Der Bruder aber schweiget,
sein Mund war schon verstummt,
da zogen auch die Wasser
den andern in den Grund.

Die Moritat aus dem Volksliederarchiv schildert die letzten
Minuten im Leben der Brüder Wilhelm und Alexander
Beuth aus Espa im Taunus, das früher einmal für seine
Fliegenwedel bekannt war, Handarbeit aus Hühnerfedern
und Weidengerten. In England, den Niederlanden, Nord-
europa, Russland und anderen Ländern waren Hessinnen
und Hessen damit hausieren, Kinder auch betteln
gegangen. Die Brüder Beuth wollten nach Amerika und
sind ertrunken. Die Frau des Espaer Pfarrers, Lydia
Schmittborn, hat den Liedertext geschrieben. Jugendliche
singen ihn noch lange Zeit im Winter in den Spinnstuben
der Gegend, zur Melodie von „Wer lieben will, muss
leiden".

Das Unglück hat sich am 19. Januar 1883 ereignet, nicht
lange, nachdem der Melsunger Kapitän Edmund Badenhausen das Kommando der „Cimbria" abgegeben hatte.
Im Nebel vor der Insel Borkum wird die „Cimbria" von dem
englischen Kohlendampfer „Sultan" gerammt und sinkt
innerhalb einer Viertelstunde. An Bord sind 91 Besatzungs-
mitglieder und 401 Passagierinnen und Passagiere. Die
meisten von ihnen sind Auswanderinnen und Auswanderer
aus Osteuropa oder Deutsche wie die Brüder Beuth, der
20-jährige Edmund Adolph Olbers aus Cuxhaven oder die
35-jährige Berliner Putzmacherin Helene Weege, die ihren
Mann verlassen hat, und ihre Kinder Bertha und Alfred.

Aber auch Moritz Strauß steht auf der Passagierliste, ein Darmstädter Spielzeughändler auf Geschäftsreise. Die Geschwister Katinka, Auguste und Georg Rommer aus Biberach, die als „Schwäbische Singvögel" in Übersee ihr Glück machen wollen, der Indianer „Red Jacket", seine Frau Sunshine, der Medizinmann Crowfoot und drei weitere Indianer, die von einer Europa-Tournee in die Vereinigten Staaten zurückkehren wollen, sind mit an Bord. Ihr Schicksal hat einen unbekannten Verfasser und Zeitungs-leser noch im gleichen Jahr zu einem Gedicht inspiriert, das so beginnt.

Untergang der Cimbria

Schauder dringt durch alle Glieder,
wenn man liest von „Cimbria".
Dieses Dampfschiff wollte wieder
fahren nach Amerika.
Als Cuxhaven es vorüber,
sank ein starker Nebel nieder
auf das große, weite Meer.
Dunkle Nacht war's rund umher.

Doch es ist nun nicht zu ändern.
Was geschehn ist, ist geschehn.
Tief betrübt in allen Ländern
jetzt die Leut im Blatte sehn,
was sich grausend hat begeben.
So viel hundert Menschenleben
mussten enden auf dem Meer.
Großer Gott! Das Leid ist schwer,

Vorsicht ist gewiss vonnöten
auf den Schiffen wie bekannt,
die Schwimmgürtel, Rettungsboote
waren alle gut imstand.
Aber wenn das Schicksal wollte,
dass so untergehen sollte
dieses Schiff mit Mann und Maus,
brechen unsre Tränen aus.

Nur 56 Menschen können gerettet werden. Fast alle Frauen und Kinder sind unter den 437 Toten. Der Untergang der „Cimbria" ist bis heute das größte zivile Unglück der zivilen Seefahrt in deutschen Gewässern. 1974 wurde das Wrack in 25 Metern Tiefe gefunden, 19 Seemeilen nordwestlich von Borkum. Wracktaucher holten ab 2001 aus dem Wrack, was sich nicht niet- und nagelfest war. Im Cuxhavener Fischerei- und Wrack-Museum „Windstärke 10" wird die Geschichte der „Cimbria" erzählt, im Melsunger Archiv und im Blog Badmorgen von Nachkommen von Edmund Badenhausen die Geschichte des vorletzten Kapitäns.

Zwei andere Schiffsunfälle mit zahlreichen Toten, der Untergang der Bremer Dreimastbark „Johanne" 1854 auf ihrer Jungfernfahrt vor der Insel Spiekeroog und der Untergang der „Alliance" 1860 vor Borkum, führten 1863 zur Gründung des Bremischen Vereins zur Rettung Schiffbrüchiger. Zwei Jahre später folgte die Gründung der Deutschen Gesellschaft zur Rettung Schiffbrüchiger in Kiel. Eine Passagierliste aus dem Archiv der Handelskammer Bremen der „Johanne" steht online. Und siehe da – auch ein paar Hessinnen und Hessen waren unter den Geretteten, aus Oberkaufungen, aus Hähnlein und aus Lißberg südwestlich des Vogelsberges. Valentin Henkel aus Treysa hat überlebt. Vom Auswandern hat ihn das Unglück nicht abgebracht. Er ist auf der „Wilhelmine" nach Baltimore gereist. Wilhelm Klüs aus Rabertshausen, einem kleinen Dorf im heutigen Landkreis Gießen, wurde tot aus der See geborgen. Hinter seinem Namen steht: „verstorben, zurück in die Heimat".

Und die Sterns aus Nieder-Ohmen? Hanna und Josef Stern arbeiteten hart, um sich eine neue Existenz aufzubauen. Ruth hat über ihr Leben als Migrantenkind ein autobiografisches Buch für Jugendliche geschrieben: „An Accidental American". Zufällig Amerikanerin. Ihre Großmutter und ihre Onkel aus Ulmbach haben in Afrika Zuflucht gefunden. Ihre Tante Rifka Stern, ihre geistig behinderte Tante Toni, ihr Onkel Meier, der Bruder ihres Vaters, und dessen Frau, ihre Tante Hedwig Stern, sind von den Nazis ermordet worden. Ihre Cousinen Hilda und Carola haben Auschwitz überlebt und kommen nach dem Krieg in die USA. Die Holocaust-Gedichte von Hilda Cohen-Stern sind nach ihrem Tod veröffentlicht worden.

Ein anderer Nieder-Ohmener, Siegfried Frank, der nach Kröffelbach im heutigen Lahn-Dill-Kreis geheiratet hatte, war 1939 mit der „St. Louis" von Hamburg nach Kuba gefahren, doch die Kubaner ließen die Flüchtlinge nicht an Land und erklärten ihre Visa für ungültig. Auch in den USA und Kanada wurden sie abgewiesen. Kapitän Gustav Schröder gelang es, seine rund 900 Passagierinnen und Passagiere auf andere Länder zu verteilen und damit vielen von ihnen das Leben zu retten. Siegfried Frank fand in den

Niederlanden Zuflucht, wurde aber bald nach dem Einmarsch der Wehrmacht deportiert und kurz vor seinem 35. Geburtstag in Auschwitz ermordet, ohne seine Frau Clementine und seine Kinder Lilly und Martin wiedergesehen zu haben. Auch sie sind im Holocaust umgekommen.

An Kapitän Schröder erinnern heute in Hamburg eine Straße, ein Park und eine Tafel an den Landungsbrücken. Unweit der Stelle, an der die „St. Louis" im Mai 1939 abgelegt hatte. Und die Kapelle spielte „Muss i denn, muss i denn zum Städtele hinaus."

Im Podcast ist die schwäbische Volksweise zu hören, eigens eingespielt von der oberhessischen Blaskapelle „Herz 7.

An welches besondere Ereignis erinnert uns dieses Wander- und Soldatenlied aus dem 19. Jahrhundert noch? Ein Truppentransporter aus den USA hat am 1. Oktober 1958 an der Kreuzfahrtkaje in Bremerhaven angelegt. Am Kai, da schrien die Mädchen. Und ein paar Jungs schrien auch. Um 9.22 Uhr ging Elvis Presley an Land, in Uniform, das Gepäck über der Schulter. Am Bremerhavener Bahnhof wartete der Zug nach Friedberg. Zehn Stunden später war der 22-Jährige in seiner Garnison, doch da blieb er nur wenige Tage. Elvis zog mit seinem Vater, seiner Großmutter und zwei Leibwächtern in ein Bad Nauheimer Hotel. Als Jeepfahrer eines Spähtrupps war er während seines Wehrdienstes viel in Hessen unterwegs, und wo auch immer er auftauchte, scharten sich Kinder, Jugendliche und Erwachsene um ihn, wurden Fotos gemacht und

Autogramme gesammelt. Auch in Heimertshausen, einem Dorf im Vogelsberg, wird heute noch davon erzählt, im Museum in Kirtorf ist das Foto von damals ausgestellt.

Zum Ende seiner Dienstzeit 1960 hat der King of Rock'n'Roll dann „Muss i denn..." unter dem Titel „Wooden Heart" aufgenommen. In seinem Film „G. I. Blues" schmachtet er Gretel, eine Handpuppe, in einem Kaspertheater an. Eine oberhessische Version würde in etwa so klingen:

Muss ech dann,
muss ech dann
zèm Doaf enaus, zèm Doaf ènaus,
on du, menn Schadds, pläibsd hie.
Wann ech komm, wann ech komm,
wann ech werre, werre komm,
werre, werre komm,
pläib ech, menn Schadds, bai derr.

Nur wenige sind zurückgekehrt. Die wenigsten für immer.

Heimat fern der Heimat

Aus Emigration wird Immigration: Wie Hessinnen und Hessen die Geschichte der USA im 17. und 18. Jahrhundert mitgeprägt haben.

„Give me your tired, your poor,
Your huddled masses yearning to breathe free,
the wretched refuse of your teeming shore.
Send these, the homeless, tempest-tossed to me:
I lift my lamp beside the golden door."

„Gebt mir eure Müden, eure Armen,
Eure geknechteten Massen,
die sich danach sehnen, frei zu atmen,
die Elenden, zurückgewiesen
an Euren belagerten Küsten.
Schickt sie mir, die Heimatlosen,
vom Sturm Getriebenen.
Hoch halte ich meine Lampe neben dem goldenen Tor!"

Als die Dichterin Emma Lazarus 1883 ihr Gedicht „The New Colossus" schreibt, das am Podest der Freiheitsstatue zu lesen sein wird, ist das Werk noch nicht vollbracht. Der jüdische Bildhauer Frédéric-Auguste Bartholdi aus Colmar arbeitet noch an der monumentalen Statue. Für die sechs Meter dicken Wände des Standbildes wird Zement aus Amöneburg bei Wiesbaden geliefert, hergestellt mit Kalk aus dem Biebricher Steinbruch. Nicht weniger als 8000 Fässer. „Die Freiheit erleuchtet die Welt" ist der Originaltitel der Statue in Form der römischen Göttin Libertas, ein Geschenk des französischen an das amerikanische Volk. Als die Statue of Liberty 1886 auf Bedloes Island im Hafen von New York eingeweiht wird, sind schon mehrere Generationen von Hessinnen und Hessen und Menschen aus vielen anderen Ländern über den Atlantik gepilgert. Viele Immigrationsgeschichten hat das Leben in dieser Zeit geschrieben, mit und ohne glückliches Ende. Einige dieser Geschichten wollen wir erzählen. Wie haben Hessinnen und Hessen die USA mitgeprägt? Und wie haben sich die Bedingungen der Einwanderung verändert?

17. Jahrhundert

1660 kommt der mittellose Bockenheimer Pfarrerssohn Jacob Leisler nach Amerika, wird erst steinreich, dann Bürgermeister von New York, wegen angeblichen Hochverrats gehängt und später rehabilitiert.

1682 schließen sich Pietisten zur „Frankfurter Land-Kompagnie" zusammen, die in Nordamerika siedeln will. Daraus wird nichts, aber ihr Unterhändler, der fränkische Jurist Franz Pastorius, ist 1683 dabei, als Krefelder Quäker und Mennoniten Germantown in Pennsylvania gründen. Und Pastorius veröffentlicht eine Proklamation gegen Menschenhandel: „Obwohl sie schwarz sind, können wir nicht einsehen, dass es deshalb eine größere Berechtigung dafür gäbe, sie als Sklaven zu halten, als wenn man es mit Weißen zu tun hätte. Man sagt, wir sollten allen Menschen ohne Unterschied des Geschlechts, der Rasse oder Hautfarbe so begegnen, wie man selbst behandelt zu werden wünscht. (...) Hier herrscht Freiheit des Glaubens, (...) aber hier sollte auch Freiheit des Körpers herrschen."

Im Podcast zu hören: „*All Geschwisder*", meine oberhessische Version des Klezmerstückes „Ale Brider", eine Aufnahme vom Benefizkonzert unseres Projektchores bei den Alsfelder Kulturtagen 2022. In dem Lied geht es um Menschenrechte und friedliches Zusammenleben.

18. Jahrhundert

1754 beginnt der French and Indian War. Die Franzosen kämpfen neun Jahre lang gegen die Briten, beide Armeen haben indianische Verbündete. Einer der Berufsoffiziere im Dienst der Briten, George Schneider aus Fellingshausen bei Gießen, führt Tagebuch. Auch über seine erste Begegnung mit Ureinwohnern in Albany: „Die Wilden oder Indianer Manspersonen sind starcke Männer auch wohl gewachsen, schwartzbraun von Farbe und wie die Mohren oder Tartarn haben einige ein gebogene Hunds-Naaße. Dabey schneiden die Selbige die Ohren Lappen ab, dass sie nur noch ein wenig anhangen und flechten einen eißernen oder silbernen Trad darum. In der Naaße tragen Sie gemeiniglich einen Ring von Silber oder in eine Figure gearbeitetes Stückgen Sielber. Um die arme ober die Elbogen tragen sie gemeiniglich ein breides silbernes Band, worein der Nahme von der Nation und deren Helden Thaten eingegraben ist."

1776 wird die Unabhängigkeitserklärung verbreitet, auch auf Deutsch. Der Krieg beginnt. Etwa zehn von 100 Menschen in den Kolonien sind zu diesem Zeitpunkt deutschstämmig.

1777 wird der Gießener Lebkuchenbäcker Christoph Ludwig vom Kongress zum Oberbäcker der Unabhängigkeitsarmee ernannt. Auf der Seite der Briten kämpfen derweil unter anderem 12.000 Männer aus Hessen-Kassel, die ihr Landesherr an die Kolonialmacht vermietet hat. Christoph Ludwig kann diesen Gedanken nicht ertragen, seine hessischen Landsleute tun ihm leid. In der Schrift „Der Deutsche Pionier" vom Oktober 1876 wird Ludwig zitiert: „Bringt die hessischen Kriegsgefangenen nach Philadelphia, zeigt ihnen unsere schönen deutschen Kirchen, lasst sie unseren Rindsbraten kosten und unseren Hausrat sehen. Dann schickt sie zurück zu den Ihrigen. Und ihr werdet sehen, wie viele uns zulaufen werden."

1778 trifft ein waldeckisches Regiment, das nach Florida geschickt worden ist, auf einen mit den Engländern verbündeten Stamm. Zur Überraschung der Soldaten ist der Häuptling ein Waldecker: Johann Konrad Brandenstein aus Königshagen im Edertal, geboren 1730. Er ist als Dolmetscher zu den Indianern gekommen und hat offenbar auch eine Frau gefunden. Mit seinen Kindern soll er Deutsch gesprochen haben.

1781 wird die Deutsche Gesellschaft in Philadelphia gegründet, drei Jahre später die der Stadt New York.

1783 endet der Unabhängigkeitskrieg mit dem Frieden von Paris.

1790 sehen die Gesetze vor, dass Einwanderer sich nach einem Mindestaufenthalt von zwei Jahren einbürgern lassen können.

19. Jahrhundert

1819 werden Schiffskapitäne dazu verpflichtet, Listen mit den Namen der Einwanderer zu führen und sie bei der Ankunft in den USA einzureichen.

1823 bricht der 21-jährige Gleiberger Wilhelm Bernbeck sein Jurastudium in Gießen ab, wandert in die USA aus und schließt sich 1836 dem texanischen Unabhängigkeitskampf gegen Mexiko an. Seine Familie in Deutschland verbindet sich etwa zu derselben Zeit mit der Pfarrersfamilie Münch: **1837** heiraten Georg Münch aus Nieder-Gemünden, der jüngere Bruder von Friedrich Münch von der Gießener Auswanderungsgesellschaft, und Charlotte Strack aus Gleiberg, eine Nichte von Wilhelm Bernbeck und Urenkelin des nach Deutschland zurückgekehrten Soldaten George Schneider. Das Ehepaar Münch wandert nach Missouri aus. Georg, der Kaplan in Kirtorf gewesen war, legt gemeinsam mit seinem Bruder eines der ersten Weingüter der USA an. Im gleichen Jahr stirbt Friedrich Ludwig Weidig im Darmstädter Gefängnis, wo er zwei Jahre lang in Einzelhaft und ohne Prozess inhaftiert gewesen war. Der Ober-Gleener Pfarrer hat sich aus Verzweiflung das Leben genommen. Auch andere Hoffnungsträger der Sozialrevolution sterben oder fliehen ins Ausland, manche nach Amerika.

Im Podcast zu hören: *„Ean dene donggle Zaire“*, mein Coversong auf „O mio babbino caro“, gesungen von unserem Projektchor bei den Alsfelder Projekttagen 2022. In dem Lied geht es um die Verhaftung Weidigs in Ober-Gleen und um die Hoffnung, die damals starb.

1843 verlässt die 21-jährige Anna Margarethe Schmidt ihren hessischen Heimatort Haunetal-Kruspis und heiratet in Pennsylvania den gebürtigen Rheinland-Pfälzer Johann Heinrich Heinz. Ihre Chutneys kommen so gut an, dass ihr Sohn Henry John I. ein Ketchup-Imperium gründet.

1845 wird Prinz Carl von Solms-Braunfels Generalkommissar des von ihm und anderen Adeligen gegründeten „Vereins zum Schutze deutscher Auswanderer nach Texas". Er siedelt 300 Deutsche in Texas an, das kurz zuvor noch zu Mexiko gehört hatte, nennt den Ort „New Braunfels" und kehrt nach Hessen zurück. Seinen Spitznamen hat er weg: Texas-Carl.

1847 richtet der Staat New York eine Einwanderungsbehörde ein. Die Commissioners of Emigration sollen den „Emigranten-Runnern" das Handwerk legen, zwielichtigen Gestalten, die Einwanderinnen und Einwanderer um ihr Hab und Gut bringen. Im selben Jahr kommt die Witwe Hannah Hecht aus Langenschwarz in Hessen mit ihren Söhnen Samuel Junior und Ruben nach Baltimore. Samuel Hecht wird es vom Hausierer zum Besitzer einer großen Warenhauskette bringen.

1849 geht der 20-jährige Heinrich Lomb, ein Zimmermann, aus Burghaun in die USA. Er beteiligt sich an einem Optikergeschäft, das später mit „Ray Ban"-Brillen berühmt werden wird.

1853 flieht der hessische Abgeordnete August Becker in die USA. Als Weggefährte von Georg Büchner, Friedrich Ludwig und Amalie Weidig hat er in jungen Jahren im Gefängnis gesessen. Nach seiner Amnestierung ist er 1839 in die Schweiz ins Exil gegangen und erst 1848 nach Gießen zurückgekehrt. Er stellt sich zur Wahl und wird Abgeordneter eines oberhessischen Wahlkreises in der Zweiten Kammer der Landstände. Als die politischen Gegner der Revolution das Rad zurückdrehen, verlässt er Deutschland erneut und diesmal für immer. In den USA arbeitet August Becker zunächst in einem Zirkus, dann bis zu seinem Tod als Redakteur in Cincinnati, New York, Baltimore und

Washington. Während des Bürgerkrieges war er Feldprediger im Steuben-Regiment.

1855 wird die ehemalige Artilleriestellung Castle Garden eine Empfangsstation für alle, die auf dem Zwischendeck gereist sind.

1857 geht der 18-jährige Adolph Busch aus Kastel in die USA. Nachdem er Lilly Annheuser, die Tochter eines aus der Pfalz stammenden Bierbrauers, geheiratet hat, bringt er das Geschäft mit seinen Ideen voran. Seine Sommerresidenz, Villa Lilly, lässt er in Hessen errichten, in der Nähe seines Heimatortes. Und dort wird er auch sterben. Seine Leiche kehrt zurück in die USA.

1858 wandert der Launsbacher Johann Georg Will in die USA aus. Wie es ihm ergangen ist, wird im Hessenpark erzählt. In einem Haus aus Launsbach.

1862 bietet die US-Regierung mit dem Homestead Act allen Siedlern Land in bestimmten Gebieten an, sofern diese sich verpflichteten, es für mindestens fünf Jahre zu bestellen. In dem Jahr kommt auch der 32-jährige Georg Asmus aus Gießen in die Staaten. Später wird er über die spotten, die Vorbehalte gegen Einwanderer haben, und in seinem „Amerikanischen Skizzenbüchelche" auf Hessisch reimen: „Schwarzröck und Monopolmagnate regiern das Land. Ihr meint, Ihr hätt' kein' Potentate, und seid doch all in ihrer Hand."

1865 geht der Bankier Jacob Heinrich Schiff in die USA. Gemeinsam mit Henry Budge und Leo Lehmann, die wie er aus Frankfurt stammen, gründet er ein Finanzunternehmen in New York, wechselt später zum Bankhaus Kuhn, Loeb & Co. und investiert in den Eisenbahnbau. Er und seine Frau Therese, geborene Loeb, spenden enorme Summen, unter anderem zur Gründung der Frankfurter

Universität, für Museen, jüdische Kranken- und Waisen-häuser. Jacob Henry Schiff zählt zu den Mitbegründern des „American Jewish Committee (AJC)" und engagiert sich politisch auch für die im zaristischen Russland verfolgten Juden.

1866 sind der 15-jährige Christoph J. Tebbens aus Leer und seine Familie auf dem Segler „Shakespeare", der von Bremerhaven nach New York unterwegs ist. Seine Lebenserinnerungen sind auf der Internetseite des Heimatmuseums Leer zu lesen.

1872 hat César Franck, geboren im damals noch nieder-ländischen Lüttich, das heute Liege heißt und in Belgien liegt, in Paris einen Text von Thomas von Aquin aus dem Mittelalter vertont: Panis angelicus. Aufgenommen hat ihn Gabriele Gonder Carey, eine Amerikanerin der ersten Generation, die aus Hamburg stammt und Ober-Gleener Wurzeln hat, 2016 für das Ober-Gleen-Projekt des Geschichtsvereins Lastoria. Der Text lautet in freier Übersetzung: Das Brot der Engel wird zum Brot der Menschen. Das Himmelsbrot verleiht der Vorstellung Gestalt. O wie wunderbar! Es verleibt sich den Herrn ein der arme, demütige Knecht. Dich, dreifaltiger, einer Gott, bitten wir: Besuche uns, denn wir verehren dich. Auf deinen Wegen führe uns, wohin wir streben – zum Licht, in dem du wohnst. Amen.

1875 werden erstmals Gruppen per US-Gesetz von der Einwanderung ausgeschlossen. Sträflinge und Prostituierte dürfen nicht mehr nach Amerika.

1882 tritt das Einwanderungsgesetz, der Immigration Act, in Kraft, der unter anderem die Einwanderung aus China begrenzt. Zuvor sind Chinesen in Kalifornien angefeindet worden, für die nächsten zehn Jahre dürfen keine weite-

Auswanderinnern und Auswanderer in einer Zeitungsgrafik
aus dem 19. Jahrhundert.

ren einwandern und bereits Eingewanderte werden nicht eingebürgert. Ehemalige Sträflinge und geistig Behinderte werden von der Einreise ausgeschlossen, später kommen auch Anarchistinnen und Anarchisten aus dem zaristischen Russland und anderen Ländern auf die schwarze Liste, Epileptikerinnen und Epileptiker, Tuberkulosekranke und berufsmäßige Bettlerinnen und Bettler, die Ärmsten der Armen. Wer dem amerikanischen Staat zur Last zu fallen droht, muss draußen bleiben. Und alle anderen sollen zahlen: Eine Einwanderungssteuer wird erhoben.

1883 gibt die Deutsche Gesellschaft der Stadt New York einen kostenlosen „Rathgeber für deutsche Einwanderer" heraus, samt Stadtplan für den südlichen Teil von New York, der zu dieser Zeit nach Berlin und Wien „drittgrößten deutschen Stadt der Welt". Das Buch enthält auch einen Grundriss von Castle Garden. Nicht zu vergessen die Namen der europäischen Correspondenten für Geldgeschäfte, in Hessen beispielsweise in Kassel, Darmstadt und Frankfurt am Main.

1887 werden zwei hessische und ein Bremer Gewerkschafter in Chicago gehängt. George Engel aus Kassel und August Spies aus Friedewald bei Bad Hersfeld hatten zum 1. Mai, dem Tag, an dem in den USA traditionell Stellen gewechselt oder Arbeitsverträge verlängert wurden, gemeinsam mit anderen Arbeiterführern einen mehrtägigen Streik für bessere Arbeitsbedingungen organisiert. Zweisprachige Flugblätter kursierten, mit Aufrufen in Englisch und Deutsch, für eine Massen-Kundgebung auf dem Heumarkt, dem Haymarket. Bei der Demonstration flog eine Bombe in die Menge. Zwölf Menschen starben an Ort und Stelle, darunter ein Polizist, weitere im Krankenhaus. Wer den Sprengsatz geworfen hatte, lässt sich nicht zweifelsfrei feststellen. Trotzdem werden August Spies, George Engel, Albert Parsons und der gebürtige Bremer Adolph Fischer als Rädelsführer verurteilt und gehängt. „Man kann nicht ewig wie ein Stück Vieh leben!", soll August Spies auf dem Heumarkt gesagt haben. Und zu denen, die ihn verurteilten: „Die Zeit wird kommen, wo unser Schweigen stärker ist als die Stimmen, die Sie heute erdrosseln!" Der 29-jährige Adolph Fischer, ein Schriftsetzer, Anarchist und Vater von drei Kindern, soll vor der Hinrichtung gerufen haben: „Hurrah for anarchy! This is the happiest moment of my life!" Als Reaktion auf die Geschehnisse wird der 1. Mai zum Tag der Arbeit erklärt.

Im Podcast zu hören: *„Tschau, Lina, tschau"*, mein Coversong auf „Ciao, bella, ciao". Es geht um die Rechte von Arbeiterinnen und Arbeiter, um den Kampf darum und um die Hoffnung auf bessere Zeiten, die besser früher als später beginnen sollen.

1891 wird die Einwanderungsbehörde, die Office of Immigration, als Abteilung des US-Finanzministeriums eingerichtet.

Im Schein der Fackel von Lady Liberty

Wie Einwanderer und Einwanderinnen die Ankunft in Castle Garden und auf Ellis Island erlebt haben

Willkommen im Vorzimmer der Vereinigten Staaten – auf der Insel der Tränen und der amerikanischen Träume.

1892 wird die Insel Ellis Island als Sammelstelle für Einwanderinnen und Einwanderer außerhalb des New Yorker Stadtgebietes eröffnet, weil Castle Garden inzwischen überlastet ist. Die erste Emigrantin, die registriert wird, ist eine 15-jährige Irin: Annie Moore bekommt eine Goldmünze im Wert von zehn Dollar als Begrüßungsgeld. Im Deutschen Auswandererhaus in Bremerhaven sind die einzelnen Stationen nachgestellt, die Passagierinnen und Passagiere der dritten Klasse auf Ellis Island durchlaufen mussten.

1893 bringt Baedecker einen Amerikaführer auf den Markt, und der deutsche Reiseveranstalter Carl Stangen bietet die erste USA-Pauschalreise an. Mit dem Schnelldampfer „Saale" fahren 57 wohlhabende Amerikareisende, mehrheitlich Männer, aber auch einige Frauen, von Bremerhaven nach New York. Einer der Touristen, der 26-jährige Belgier William Davignon, hat seine Kamera dabei. Die Fotos aus seinem Album „Une voyage aux Etats-Unis 1893" sind auf der Internetseite des Leibniz-Institutes für Länderkunde zu bewundern: Da ist Stangen's Party, wie sich die Gruppe nannte, an Bord der „Saale" und an den Niagara Fällen, und Ansichten von New York und San Francisco, Indianer am Gleis, eine Opiumhöhle in China Town, der Yosemite Park und andere Nationalparks und natürlich die Weltausstellung in Chicago.

Wie seine Westentasche scheint der deutsche Schriftsteller Heinrich Lemcke Ellis Island und Castle Garden zu kennen. 1883 hat er das Buch „Souvenir an den Atlantischen Ozean zur Belehrung und Unterhaltung für Reisende nach Amerika" veröffentlicht. Und 1896 ist gerade erst in Leipzig sein Buch über Nordamerika erschienen: „Canada, das Land und seine Leute. Ein Führer und geographisches Handbuch, enthaltend Schilderung über Canada unter besonderer Berücksichtigung seiner wirthschaftlichen Verhältnisse, sowie der Ansiedlung und der Kolonisation". Darin hat er auch die Ankunft im Hafen von New York beschrieben. Superintendent des Hapag-Piers ist seit 1883 Edmund Badenhausen, ein Kapitän aus Melsungen in Hessen, von dem wir schon gehört haben.

Heinrich Lemcke beschreibt die Ankunft eines Überseeschiffes: „Sobald sich das Schiff dem Hafen nähert und bei Staten Island anlandet, erscheint der Quarantäne-Arzt des Staates New York an Bord, um sämtliche Zwischendeckspassagiere, ungeachtet des Attestes des Schiffsarztes einer Untersuchung ihres Gesundheitszustandes zu unterziehen. Diese geschieht in der Weise, dass alle Passagiere auf Deck vor dem Arzte vorbeipassiren und er nach dem Aeusseren der einzelnen Personen zu urtheilen sucht, ob Jemand Krankheits-Symptome zeigt: In solchem Falle wird das ganze Schiff (falls die Krankheit ansteckend) in Quarantäne gelegt. Von Staten Island erreicht das Schiff in einstündiger Fahrt seinen Landungsplatz, Pier genannt, in New York oder Hoboken, ersterer Weltstadt gegenüber, gelegen. Die Kajüten-Passagiere verlassen hier nebst ihrem sämmtlichen Gepäck das Schiff."

Und während die Kajüten-Passagiere vielleicht Lemckes Rat befolgen und sich nach der Zollkontrolle ein Zimmer im Hotel „Hamburger und Bremer Haus" am Fuße der dritten Gasse in Hoboken nehmen, haben die Passagiere von den billigeren Plätzen noch eine Station vor sich. „Die Zwischendeckspassagiere und ihr Gepäck werden vom großen Dampfer in kleinen Flussfahrzeugen, die eigens für den Transport der jetzt im Gebiete der neuen Welt ‚Einwanderer' heißenden Ankömmlinge hergerichtet sind, direct nach Castle Garden, dem staatlichen Landungsde-pot für Einwanderer in New York befördert", schreibt Heinrich Lemcke. „Dieses große Einwanderungsdepot ist ein Musterinstitut ureigenster Art."

Und so hat der 15-jährige Christoph Tebbens aus Ost-friesland noch 1866 die Ankunft erlebt: „New York! Castle Garden! Mit meiner ausgedehnten Kenntniss der engli-schen Sprache hatte ich nichts Wichtigeres zu thun, als diese Benennung meinen lieben Eltern und allen, die es hören wollten, ins Deutsche zu übersetzen: Castle – Schloss, Garden – Garten, also Schlossgarten. Das ist richtig, sagte Onkel Gerhard, aber mein Vater lächelte. Freilich, der Garten, aus einigen Rasenflächen mit einigem Gestrüpp bestehend, erschien uns nach der langen See-reise einladend genug. Aber das Gebäude, das ‚Schloss'! Ein altes, verfallen aussehendes, hoelzernes rundes Castell, aber sehr geraeumig."

Heinrich Lemcke kennt sich aus mit den Formalitäten, die in den USA schon vor der Ankunft erledigt werden müssen: „Um die Kontrolle zu erleichtern, müssen die Dampfschiffkompagnien ‚Manifeste' führen, welche bezüglich der Einwanderer zwanzig verschiedene Fragen beantworten. Auf diesen Scheinen sind das Alter, Geschlecht, der Familienstand, die Nationalität, der bisherige Wohnsitz und das Reiseziel der Einwanderer festgestellt, sie geben ferner Auskunft, ob der Betreffende lesen und schreiben kann, ob er im Besitz eines Durchgangs-Eisenbahnbillets nach seinem amerikanischen Bestimmungsort sich befindet, ob er aus eigenen Mitteln die Ueberfahrt bezahlt hat oder auf wessen Kosten er gereist ist, ob er im Besitze von Geld ist, ob und zu welchen Verwandten er reist, ob er gesund oder mit körperlichen Gebrechen behaftet ist und so weiter. Das Manifest muß von dem Kapitän und dem Arzte des betreffenden Schiffes noch vor Antritt der Fahrt vor einem Konsul der Vereinigten Staaten im Auslande beschworen werden und bildet die Unterlage für die Prüfung der Einwanderer in dem amerikanischen Landungsdepot."

Wer alle Kontrollen in Castle Garden hinter sich hat, wartet in der inneren Rotunde, bis es weitergeht. Ein Beamter verliest die Namen derer, denen ein Brief oder Geld geschickt worden ist oder die von Verwandten oder Bekannten abgeholt werden. Gegen Quittung.

Heinrich Lemcke: „Auf solche Weise verhindert man es, dass Neuankömmlinge, namentlich Frauen und junge Mädchen, in schlechte Hände geraten. "

Einwanderer in einer Zeitungsgrafik des 19. Jahrhunderts.

Und hat es Christoph Tebbens in Erinnerung: „Die vielen Immigranten liefen hin und her, und wussten nicht, was zunächst zu thun sei. Wir liessen uns auf unser Gepäck nieder. Die Familienoberhäupter oder Einzelstehenden wurden nun von den Zollbeamten, und Beamten der deutschen Gesellschaft ueber ihre Habseligkeiten und das woher und wohin, der Reihe nach verhört. Es wurde ihnen dann bestmöglichst Rath ertheilt, und einer nach dem andern entfernte sich. Einige wurden von Verwandten in Empfang genommen, doch die meisten wurden von Hotel-Agenten, hierzulande ‚Runners' genannt, ins Schlepptau genommen. Diese waren sehr geriebene Kerle, und kam ihnen nicht leicht einer aus den Fingern, den sie nach ihrem respectivem Gasthause bugsiren wollten."

In Castle Garden werden die Neuankömmlinge auch noch Jahrzehnte später von den Hotelvermittlern umworben. Mit wem sollen sie gehen? Wer ist seriös? Heinrich Lemcke hat eigene Vorschläge für seine Leserschaft: „Allen denen, die sich in New York noch einige Tage aufhalten wollen, bietet sich Gelegenheit, unter den auf den Ruf „Boarding Houses" (sprich: Bohrding Haus) mit einemmal in die Rotunde stürmenden Agenten von concessionirten Gasthäusern eine geeignete Wahl zu treffen. Ich habe sämmtliche Einwanderer-Logir-Häuser in New York im Interesse der Einwanderer besichtigt und kann nachstehende Logir-Häuser davon bestens empfehlen..."

Und es folgen deutsche Namen. Es sind die Zeiten, in denen New Yorker Hotels noch „Hôtel Grütli" oder „Württemberger Hof", „Hammers Hôtel", „Emigranten-Haus" oder „Stuttgarter Hof" heißen und für die Übernachtung noch ein bis anderthalb Dollar zu zahlen sind. Und was sonstige Kosten betrifft, schreibt Heinrich Lemcke: „Trinkgelder sind in den Vereinigten Staaten Amerika's und in Canada nicht üblich und werden darum auch niemals gegeben noch verlangt. Auch der Transport von Personen und Gepäck von Castle Garden zum Bahnhof, das Wiegen der Gepäckstücke et cetera geschieht unentgeltlich, unter Controlle verantwortlicher Beamter."

1897 kommt der 53-jährige Heinrich Lemcke nach Ellis Island, um für die „Gartenlaube" über die Neuerungen zu berichten. Er hat das kostenlose Dampfboot genommen, das als Fähre Manhattan mit Ellis Island verbindet, und darf sich auf der siebeneinhalb Hektar großen Insel frei bewegen. Der Einwanderungskommissar Dr. Joseph Senner, ein Demokrat, empfängt ihn, und Lemcke ist angemessen beeindruckt. Das Hauptgebäude ist 160 Meter lang und 50 Meter breit, im Untergeschoss ist das Gepäckmagazin untergebracht, im zweiten Stock sind die Registrierungshalle und die Büros. Außerdem gibt es ein Hospital, ein Maschinenhaus und diverse Schuppen.

Heinrich Lemcke berichtet: „Zunächst postierte ich mich derart in dem großen Registrierungssaale, daß ich den ‚Einmarsch' der Einwanderer von dem Hamburger Postdampfer ‚Pennsylvania' am besten übersehen konnte. Neben mir standen einige in Seide und Sammet gekleidete Amerikanerinnen, die wohl ein Sonderinteresse an dem Besuch auf Ellis Island haben mochten. In einem Raume sehen wir eine deutsche Familie, die fast einen ganzen Stammbaum bildet. Fünfzehn Personen sind es – das zählt!

Dort in einer Ecke erblicken wir ein blutjunges, hübsches Mädchen, eine Waise, kaum sechzehn Jahre alt, die mutterseelenallein die Reise übers Weltmeer machte; hier sehen wir eine Gruppe abgemagerter Männer, welche sichtlich die Not aus der Heimat vertrieb; dort sucht eine Mutter den Hunger eines schreienden Säuglings zu stillen; hier hält ein Landeskundiger seinen Schiffsfreunden, lauter jungen, flaumbärtigen Männern, einen Vortrag über die amerikanische Kunst, reich zu werden. – Und nun gar das Sprachengewirr! Die vielen Dialekte dieser internationalen Gesellschaft!"

Alle müssen sich an einem der vier Registrierungsplätze anstellen. Die Unterlagen werden geprüft, darunter die Schiffsmanifeste, und es werden Fragen gestellt. Drei bis sieben Stunden dauert das Ganze. Wer sie erfolgreich überstanden hat, wird von Verwandten oder Bekannten abgeholt oder wartet im Landungsdepot, bis der Zug nach Westen fährt.

„Was ist eins und eins?", fragen Einwanderungsbeamte, die auf Hochstühlen sitzen und Dolmetscher an ihrer Seite haben. „Haben Sie einen Beruf? Haben Sie Krankheiten? Haben Sie Angehörige oder Bekannte, bei denen Sie wohnen werden? Waren Sie schon einmal in den USA? Waren Sie einmal im Gefängnis oder in einem Armenhaus? Welcher Rasse gehören sie an? Sind Sie Polygamist? Haben Sie Geld dabei, mindestens 50 Dollar? Was wollen Sie in den USA? Putzt man Treppen von oben nach unten oder von unten nach oben? Sind Sie Anarchistin oder Anarchist? Haben Sie vor, den Präsidenten der Vereinigten Staaten von Amerika zu ermorden?"

Analphabeten, Kranke und Kriminelle oder solche, die es sein könnten, werden zurückgewiesen, Eltern müssen entscheiden, ob sie ihr krankes Kind alleine zurückschicken. Schon wenn sie die 50 Stufen zum Registrierraum hinaufsteigen, werden die Neuankömmlinge von Ärzten beobachtet: Hat jemand etwa Herzprobleme oder vielleicht ein steifes Bein? Zwei von hundert Menschen werden abgelehnt, ungefähr 100 bis 120 an jedem Tag. Im Laufe der sechs Jahrzehnte sind es etwa 250 000, die aus medizinischen, politischen oder anderen Gründen nicht einreisen dürfen. 300 Verzweifelte sollen sich das Leben genommen haben. Heinrich Lemcke hat den Eindruck, dass es den Abgelehnten, die auf ihre Abschiebung warten, an nichts fehlt: „Die von diesem Board für nicht-landungsberechtigt erklärten Einwanderer finden auf Ellis Island bis zu ihrer Rückbeförderung nach Europa eine äußerst humane Behandlung. Die Kost für diese Armen ist kräftig, schmackhaft und reichlich. Die Schlaf- und Waschräume sind von peinlichster Sauberkeit."

Und das sei Senners Verdienst. In der „Gartenlaube" wiederholt Heinrich Lemcke 1897 ansonsten zu Beginn seines Berichtes über Ellis Island fast wörtlich, was er im Mai 1886 im Husumer Wochenblatt über die Abfertigung in Castle Garden berichtet hat – über die Ankunft von 1200 Frauen, Männern und Kindern aus dem Zwischendeck der „Rugia". Der Autor schreibt bei sich selbst ab. Ob auch Fantasie im Spiel war, lässt sich nicht mehr nachprüfen.

Aber lassen wir ihn erzählen: „Auf ein gegebenes Glockensignal öffnete sich mit einem Male die Thür zum Registrierungssaal, und nun zog ein Schwarm von mehreren hundert Einwanderern in den Riesensaal. Der Nationalität nach waren die meisten Deutsche, aber auch viele Oesterreicher, Ungarn, Russen, Schweizer, Schweden, Norweger und Dänen befanden sich darunter. Im Gänsemarsch, mit Kisten, Kasten und Bündeln, altem Trödelkram und urväterlichem Hausrat, oft auch mit Säuglingen bepackt, zogen sie hier vorbei, von Aerzten einer Kritik unterworfen, um dann in durch Drahtgitter abgeteilte Räume für je dreißig Personen verteilt zu werden. Ein eigentümlicher Anblick, diese ganze Scenerie! Die Jüngeren, namentlich die Mädchen, haben sich festlich geputzt, die liebe Eitelkeit der holden Jugend erlaubt ihnen nicht anders als so den Boden der Neuen Welt zu betreten. Die ältere Generation der Einwanderer befolgt indessen ein anderes Prinzip. ‚Für die Reise ist's halt gut genug' scheint hier der leitende Gedanke zu sein.“

Wer die Fragen zur Zufriedenheit der Beamten beantworten kann, darf an Land gehen. Wer nicht, wird einem Spezialverhör in einer separaten Abteilung unterzogen, kommt vor das „Board of Special Inquiry“, ein Untersuchungsgericht aus vier Inspektoren und einem Sekretär. Allein im Jahr 1886 müssen sich 43.645 Menschen der Jury stellen. Wer durchfällt, hat im Landungsdepot darauf zu warten, bis ein Dampfer abgeht, und wird auf Kosten der Reederei nach Europa zurückgebracht wie ein unerwünschtes Postpaket: Annahme verweigert. 1886 werden 2374 Menschen zurückgeschickt, vor allem Mittellose aus Italien, Ungarn, Österreich, Russland, England und Irland. Viele von ihnen können weder lesen noch schreiben. Für Heinrich Lemcke waren die Verhöre dieser Jury „das interessanteste Schauspiel", das man auf Ellis Island genießen könne. Wenn man nicht selbst befragt wird.

„Rechtschaffene Menschen, die unverschuldetes Elend drückt, gescheiterte Existenzen, die eignes Verschulden herabbrachte, stellt das Schicksal hier nebeneinander", schreibt Heinrich Lemcke. Da wird ein russischer Jude, der schon einmal zwei Jahre lang in Amerika gewesen sein will, einem scharfen Verhör unterworfen. Er spricht ein wenig gebrochen Englisch. Der Vorsitzende fragt ihn: ‚Was warst du hier in Amerika?' Russischer Jude: ‚Schneider!' Vorsitzender: ‚Have you never been begging here?' Das Wort begging ist dem Russen unbekannt, und unfähig, zu antworten, wendet er sich an den Dolmetscher um Beistand." Dolmetscher: ‚Du sollst sagen, ob du hast geschnorret, als du sein gewesen in Amerika.' Russischer Jude: ‚Gott der Gerechte soll mich bewahren, wenn ich hab' geschnorrt!' Und da ein ihm bekannter, in New York ansässiger Landsmann sich eingefunden hat, der sich der Einwanderungskommission gegenüber verpflichtet, dafür zu garantieren, daß der Neuankömmling der öffentlichen Armenpflege nicht zur Last fallen wird, so wird ihm die Landung gestattet. Ein anderer Russe, ein junger Farmer, ist nicht so glücklich wie sein Vorgänger. Er ist ein kerngesunder, kräftiger junger Mensch, der tüchtig zu arbeiten vermag, aber nur 15 Cents Barvermögen bei sich hat, so daß, den Gesetzen des Landes entsprechend, dieses junge, treuherzige Blut nach Rußland zurücktransportiert werden muß. Wenn es nicht gelingen sollte, jemand in den nächsten Tagen zu finden, der den jungen Mann engagiert und mit sich nimmt."

New York aus der Vogelschau.

Ansichten von New York und Castle Garden aus dem 19. Jahrhundert.
Aus dem "Buch der Erfindungen" (Leipzig, 1901).

Brooklyn   Long Island Shore   530. Einfahrt in den Hafen von New York. Vogelschauansicht von der Battery nach Süden.   Hudson River
East River   Atlantic Dods   Castle William   Battery Park   New York Bay   Staten Island   River
          Governors Island   Statue of Liberty

Das Ganze ähnelt einem Theaterstück, einem Melodram mit oder ohne Happy-End: „Eine Italienerin, Witwe mit drei kleinen Kindern und einem neunzehnjährigen Sohne, erklärt der Jury, daß sie alle zwar mittellos sind, ihr Sohn jedoch arbeitskräftig ist und ihr Ernährer sein will. Ungläubig sehen sich die Jurymitglieder gegenseitig an und schütteln die Köpfe. Doch der Jüngling weiß durch seine ungeschminkte Klarlegung der Sachlage einen so günstigen Eindruck auf die Jury zu machen, daß sie, zumal sich auch noch Landsleute für die Einwanderer verbürgen, der Familie den Eintritt in die Neue Welt nicht verwehrt. Nun tritt ein älterer Deutscher, der in den Fünfzigern steht und Schiffbruch in seinem Leben erlitten haben muß, vor und bekennt, daß er unbemittelt ist und seine Familie, Frau und Kinder, sich noch in Deutschland befinden. Eine ihm bekannte deutsch-amerikanische Familie will ihm Arbeit verschaffen. Da tritt auch schon die Frau eines deutschen Restaurateurs aus New York vor: ‚Wir kennen den Mann und wollen ihn beschäftigen als Aufwascher und Hausknecht in unserem Restaurant.‘ Jurymitglied: ‚Und wenn der Mann nicht zu Ihrer Zufriedenheit arbeitet? Was dann?‘ Frau eines Gastwirts: ‚Dann schicken wir ihn wieder auf unsere Kosten derheme.‘"

Heinrich Lemcke: „Auch diesem Manne wurde die Landung bewilligt. Wie wird es ihm in seiner neuen Stellung ergehen? Wiederum wird ein völlig unbemittelter Mann, ein Schuhmacher aus Rußland, vor die Jury gerufen. (...) Er will einen Bruder in Amerika haben, der schon längere Jahre in Brooklyn ansässig sei. Doch derselbe ist nicht da, ihn zu reklamieren. ‚Zurück nach Rußland, wenn dein Bruder nicht kommt, für dich Bürgschaft zu leisten,' lautet der Beschluß der Jury. Gleichsam vernichtet wankt der Arme nach einer Bank und läßt sich darauf nieder. Aber nur einen Augenblick. Da hört er mit einem Male eine ihm wohlbekannte Stimme seinen Namen rufen. Es ist der Bruder, der soeben gekommen. Ein Aufschrei, als beide einander sehen und erkennen! Sie liegen sich in den Armen und Freudenthränen rinnen von ihren Wangen. Alle und jede Etikette ist vergessen, die Zuschauer, selbst die Jurymitglieder sind ergriffen und es entsteht eine längere Pause. Gottlob vermag der Bruder der Jury genügend Bürgschaft zu gewähren, daß der Einwanderer der öffentlichen Armenpflege nicht zur Last fallen werde, und beide trollen dann seelenvergnügt von dannen."

Im Podcast zu hören: Eine kurze Aufnahme aus einem Klezmer-Workshop von Yale Strom (San Diego) in der Villa Ichon, Bremen.

Wenige Jahrzehnte später haben jüdische Europäerinnen und Europäer und andere Verfolgte des Nazi-Regimes ohne Bürgschaft keine Chance, sich in den USA in Sicherheit zu bringen. Quoten und interne Anweisungen an die zuständigen Beamten sorgen dafür, dass die Zahl sehr viel niedriger ist, als ursprünglich vorgesehen. Viele hoffen vergeblich auf ein Visum, wie Betty Baer aus Ober-Gleen und ihr Sohn Alfred, die von Amsterdam aus in die USA fliehen wollten und von den Nazis ermordet worden sind. Gerettet werden können Bettys Geschwister Bertha und Siegmund Sondheim, ihre Schwägerin Jettchen, ihre Nichten Addi und Rita und ihr Neffe Herbert, die Sterns aus Nieder-Ohmen und die Sterns aus Diez an der Lahn. Nach der Pogromnacht 1938 haben Angehörige für sie gebürgt und Geld festgelegt, als Sicherheit für die nächsten Jahre. Siegmund Sondheim ist infolge seiner Inhaftierung im KZ Dachau so geschwächt, dass er nach der Ankunft in New York erst einmal ins Krankenhaus muss. Einreisen darf die Familie dann doch noch. Zurück ins Jahr 1897. Heinrich Lemcke hat auch das Hospital auf der Insel besucht. 350 Kinder werden im Laufe der Jahrzehnte hier zur Welt kommen, 3500 Patientinnen und Patienten werden sterben, ansteckend Kranke von ihren Angehörigen getrennt.

In der „Gartenlaube" berichtet Heinrich Lemcke auch von seiner Stippvisite im Hospital: „Bald stand ich vor dem Chef-Arzt des Krankenhauses, von ihm mit einem zuvorkommenden ‚please' zum Platznehmen eingeladen. Wie ich von ihm erfuhr, belief sich die Zahl der Kranken im letzten Jahre auf 1717 Personen, also annähernd ½ Prozent sämtlicher Einwanderer, deren Gesamtzahl 1896 263.709 Personen betrug. Es starben von den Kranken 40 Personen, aber auch 10 Kinder erblickten hier das Licht der Welt. Die Gesamtzahl der Verpflegungstage betrug 14.503. Ein Rundgang durch die Räume des Krankenhauses ließ mich überall peinlichste Sauberkeit und die vorzügliche Pflege erkennen, die hier die Kranken finden." Im Statistischen Büro von Ellis Island hat er recherchiert: „Von den gelandeten 263.709 Einwanderern waren aus Italien 66.445 Personen, Oesterreich-Ungarn 52.085, Rußland 39.859, England 38.226, Deutschland 24.230, Schweden 16.379, Norwegen 6599, Dänemark 2820, Portugal 2476, Holland 1465, Schweiz 2253, Türkei 4252. Die deutschen Einwanderer brachten den größten Prozentsatz an Geld mit und stellten den geringsten Prozentsatz bei den ‚Illiteraten'."

Und wie steht es um die Finanzierung von Ellis Island? Heinrich Lemcke: „Da die Schiffahrtsgesellschaften, welche Einwanderer in den Vereinigten Staaten landen, für jeden ein Kopfgeld von einem Dollar zahlen müssen, das in den Regierungs-‚Immigrant Fund' kommt, so reicht diese Steuer nicht nur hin, um daraus die gesamten Ausgaben für die Unterhaltung der Anstalten zu tragen, sondern auch noch alljährlich einen erklecklichen Ueberschuß abzuwerfen."

Als Besucher kann Heinrich Lemcke die Insel verlassen, wann es ihm beliebt. Er ist nicht der Einzige, der nach etwas Ausschau hält: „Vollauf befriedigt von den auf Ellis Island gewonnenen Eindrücken, wandte ich mich zum Gehen nach der Ferry. Auf dem Wege dorthin traf ich die eleganten Amerikanerinnen wieder, die vorher mit mir das Schauspiel im Registrierungssaal betrachtet hatten. Ein junges, hübsches Mädchen, eine Deutsche, in einem einfachen Kattunanzug, stand vor ihnen. Vater und Mutter der jungen Einwanderin, anscheinend dem Bauernstande angehörend, daneben.
Erste Amerikanerin: ‚Well, Ihr überlaßt mir Eure Tochter als Dienstmädchen?'
Zweite Amerikanerin: ‚Sie soll's gut haben! Ich zahl' ihr 14 Dollars monatlich!'
Vater: ‚Mutter, was meinst du dazu?'
Mutter: ‚Mir – soll's – recht sein.'
Dabei rannen ihr leise die Thränen von der Wange. Und die Tochter? Sie willigte ein. War sie doch nach Amerika

gekommen, um viel, viel Geld zu verdienen. Wenige Augenblicke später und das junge Mädchen wird mit den eleganten Damen davonfahren, während ihre Eltern mit einem Eisenbahnzuge dem Westen zueilen, um dort als Farmer auf der Prairie sich niederzulassen. Wird es eine Trennung für immer sein?"

Ein Aufschrei reißt den Reisejournalisten aus seinen Gedanken. Eine alte Frau ruft: *„Mien Söhn, oh, mien Söhn!"* Heinrich Lemcke: „Ich blickte hin und sah ein altes Mütterchen, das weinend und schluchzend am Halse eines stattlichen jungen Mannes hing. Die Situation erklärte sich leicht. Es war ein vor mehreren Jahren ausgewanderter junger Deutscher, der, durch Arbeit zu Wohlstand gelangt, nunmehr seine alten Eltern hatte nachkommen lassen. Hier, auf Ellis Island, sah man sich nach vielen Jahren zum ersten Mal wieder. Die Freude des Wiedersehens war für die Mutter zu groß, sie mußte gleichzeitig aufjauchzen und weinen an der Brust ihres wiedergefundenen Sohnes."

Es ist Abend geworden, und der Besucher aus Deutschland nimmt die Fähre nach Manhattan: „Bei der Landung am Battery-Park in New York gewahrte ich allerhand verdächtige Gestalten, Bauernfänger, die wie eine Meute den unkundigen Einwanderer bei seinem Auftritt von Ellis Island auf Schritt und Tritt verfolgen und sie um Hab' und Gut zu bringen versuchen. Wahre Galgenvögel!"

Heinrich Lemcke versucht, sich in die Menschen hineinzuversetzen, die ihm auf Ellis Island begegnet sind: „Welch schmerzliche Kur muß nicht ein solcher Einwanderer oft durchmachen, ehe er sich ganz in der Neuen Welt zurecht gefunden hat! Jeder Neuankömmling fühlt sich zu Vergleichen zwischen dem neu gewählten und dem Mutterlande geneigt, der Anfang ist meist sehr schwer, die Erinnerungen der Jugend steigen in der Entfernung zu idealer Höhe! Bald befindet sich der Arme in jenem Krankheitszustande, der in früheren Zeiten, wo das Reisen noch auf Wenige beschränkt war, den Schweizern als erbeigentümlich zugeschrieben wurde. Das Heimweh ist bei ihm in voller Stärke ausgebrochen und weicht nur früher oder später bei dem, der Erfolg oder Glück in der Neuen Welt findet."

Im Podcast zu hören: Eine kurze Aufnahme aus einem Klezmer-Workshop von Yale Strom (San Diego) in der Villa Ichon, Bremen.

Willkommen oder nicht willkommen?

Das ist die bange Frage
Einwanderung in die USA seit der Wende zum 20. Jahrhundert

Ja, sie kommen, die müden, die Armen, die geknechteten Massen, die sich danach sehnen, frei zu atmen. Die Elenden, werden sie zurückgewiesen an den belagerten Küsten Nordamerikas? Werden sie, die Heimatlosen, vom Sturm Getriebenen, nach Europa zurückgeschickt wie 1939 die 937 Passagierinnen und Passagiere des Hapag-Schiffes „St. Louis"? Jüdische Flüchtlinge wie Siegfried Frank aus Nieder-Ohmen, den die Nazis in Auschwitz ermorden werden? Hoch hält Lady Liberty ihre Lampe neben dem goldenen Tor. Die Einwanderungspolitik aber wird seit der Wende zum 20. Jahrhundert verschärft.

1911 veröffentlicht die Dillingham Commission ihren Bericht über die sozialen Auswirkungen der Immigration. Sie ist zu dem Schluss gekommen, dass diejenigen, die nach 1890 in die Vereinigten Staaten eingewandert sind, eine Gefahr für die Gesellschaft in den USA darstellen, und unterscheidet zwischen alter und neuer Einwanderung. 1917 gibt es die ersten Lese- und Schreibtests für Einreisewillige. Im April erklärt die USA dem Deutschen Kaiserreich den Krieg. Die Stimmung in den Vereinigten Staaten wird zunehmend antideutsch. Neun Prozent der amerikanischen Bevölkerung sind deutscher Abstammung. In einigen Gegenden im Mittleren Westen ist fast die Hälfte deutschstämmig.

1921 werden im Einwanderungsgesetz (Immigration Act) die jährliche Einwanderung auf 350.000 Menschen beschränkt und Quoten für Nationalitäten eingeführt. 1924 wird die jährliche Einwanderung auf 165 000 Menschen beschränkt.

1927 sind es nur noch 150.000. Auch die Quote für die Nationalitäten wird neu festgelegt. Die Zahl der Einwandernden einer Nation darf zwei Prozent der Zahl ihrer Landsleute von der Volkszählung von 1920 betragen. Dieses Gesetz bleibt bis 1965 in Kraft und verringert vor allem die Zahl der Einwanderinnen und Einwanderer aus Afrika und Asien.

1929 wird in der Zeit der großen Depression unter anderem eine neue Quote festgelegt. 70 Prozent der 150.000 Menschen, die einwandern dürfen, sollen aus dem nördlichen und westlichen Europa sein, der Rest aus Süd- und Osteuropa. Andere Herkunftsländer sind nicht vorgesehen.

1933 dürfen nur 23.068 Menschen einwandern. Nachdem die Nazis an die Macht gekommen sind, gibt es einen Ansturm auf die US-Konsulate. Aber nur wenige Visa werden erteilt. Und ähnlich wie nach den Pogromen in Osteuropa im späten 19. Jahrhundert hoffen spätestens nach der „Kristallnacht" im November 1938 europäische Jüdinnen und Juden auf Zuflucht in den USA.

Im Podcast zu hören: „Es Kelbche", meine Coverversion von „Dos Kelbl", einem Klezmerstück, gesungen von unserem Projektchor bei den Alsfelder Kulturtagen 2022.

1934 emigriert Norbert Goldenberg aus Kestrich in Oberhessen in die USA. Wegen der NS-Gesetze hat er seinen Job als Assistent an der Klinik für Innere Medizin in

Frankfurt am Main und seine Zulassung als Arzt verloren. Fas unmittelbar nach seiner Ankunft in den Staaten wird er zum Vize-Präsidenten des Deutsch-Jüdischen Clubs und des „Aufbau", einer deutschsprachigen Zeitung. Drei Jahrzehnte später wird er Präsident des Clubs und Herausgeber ds „Aufbau". Er lernt seine zukünftige Frau kennen: Lilo Lamm, die aus Berlin in die USA geflohen ist, die Tochter von Leopold Lamm aus Homberg an der Ohm. Sie arbeitet als Sekretärin und wird ihr ganzes Leben lang Essays schreiben. So bald wie möglich arbeitet Norbert Goldenberg wieder als Arzt. 1936 legt er sein amerikanisches Medizinexamen ab und arbeitet in einem Krankenhaus, bevor er seine eigene Praxis in Washington Heights, „Frankfurt on the Hudson", eröffnet. Das New Yorker Viertel ist eine Heimat fern der Heimat für viele deutsche Emigrantinnen und Emigranten.

Die Amerikanerin Nancy Heller, geborene Freund, hat Wurzeln in Hessen und Franken. Ihre Mutter stammte aus Alsfeld, ihr Vater Kurt Wilhelm Freund aus Nürnberg. Er war elf Jahre alt, als er mit seinen Eltern und seiner älteren Schwestern in Le Havre, Frankreich, an Bord eines Schifes nach New York ging. Kurts Mutter, Paula Freund, geborene Grünstein aus Miltenberg, hatte ein Geheimnis, das der Familie dabei helfen wird, in den USA zu überleben. Ein Bäcker der berühmten Lebkuchenfabrik Häberlein-Metzger hat sich bestechen lassen und ihr das geheime Rezept für Nürnberger Elisen-Lebkuchen verraten, und sie hat es auswendig gelernt.

Während des Zweiten Weltkrieges backt und verkauft Paula Freund „Paula's Celebrated Lebkuchen", Paulas gefeierte Lebkuchen, und hat Erfolg damit. Im „Aufbau" stehen Anzeigen, und die New York Herald Tribune veröffentlicht im Dezember 1939 einen Artikel über ihr Lebkuchen-Startup (Original auf Englisch): „Deutschland hat Paula ausgestoßen, und so hat sie eine Backkunst gemeistert." Und sie wird auf Englisch zitiert: „Nazis konnten niemanden davon abhalten, Wissen mitzunehmen." William Curt Freund, wie ihr Sohn sich selbst nennt, nachdem er die amerikanische Staatsbürgerschaft hat, wird Chefökonom der New Yorker Aktienbörse (Stock Exchange). Er heiratet die Fotografin Irmgard (Judy) Steinberger, die 1920 in Alsfeld zur Welt gekommen ist. Ihre Familie war 1933 nach Haifa geflohen. Nach einem Aufenthalt in der Schweiz ist die Alsfelderin 1949 in die Vereinigten Staaten emigriert. Der Schwiegersohn der beiden, Nancys Mann Jeffrey Heller, ist Anwalt, spezialisiert auf Einwanderungsrecht.

Dina Gardner, geborene Nussbaum aus Ulmbach, ist gemeinsam mit ihrer Schwester Regina vor dem Ersten Weltkrieg in die USA ausgewandert. 1939 bürgt die Witwe für die Familie ihrer Nichte Hanna. Und so gehen Joseph und Hanna Stern aus Nieder-Ohmen in Oberhessen mit ihrer fünfjährigen Tochter Ruth in New York von Bord der „Deutschland".

Ruth Stern Gasten schreibt darüber in ihrer Kindheitsbiografie (Zitat aus der übersetzten Fassung „Zufällig Amerikanerin", im Original auf Englisch: „An Accidental American"): „Wir waren wieder auf festem Boden und wurden zu den Einwanderungsbüros geführt. Meine Mutter hatte alle Papiere fest in der Hand. Die Reihe war an uns. Sie übergab alles an einen großen, dünnen Mann mittleren Alters, der eine Uniform trug. Ich fragte mich, ob wohl die meisten Erwachsenen auf der Welt Uniform trugen. Er überprüfte die Informationen sorgfältig und sagte: ‚So! Sie wollen nach Chicago, was?' Meine Mutter hörte ‚Chicago' und nickte, obwohl sie keine Ahnung hatte, was er wissen wollte. Nachdem wir bei ihm fertig waren, mussten wir zum Arzt, um sicherzustellen, dass wir keine ernsten Erkrankungen hatten. Hatten wir nicht. Und dann waren wir draußen, wo Tausende von Augen jeden einzelnen von uns zu scannen schienen, auf der Suche nach Verwandten. Ich weiß nicht, wie mein Onkel Albert uns gefunden hat, aber er fand uns." Und er empfing sie mit offenen Armen: „Willkommen in Amerika, Joseph, Hannah und Ruthchen!"

„Jemand sprach uns auf Deutsch an", schreibt Ruth Stern Gasten (im Original auf Englisch). „Wir drehten uns um, und da war er – ein kleiner, runder, beinahe kahlköpfiger Mann in einem gestreiften Anzug: Albert Stern, Papas jüngster Bruder. Onkel Albert war Buchhalter und etwa seit zehn Jahren in New York. Er winkte schnell eine der vielen wartenden Taxen heran."

Herb's proverbs: Herbert Sondheim

Auch Familie Sondheim aus Ober-Gleen in Oberhessen ist in die USA geflohen. 1939 sind Siegmund and Jette Sondheim, ihre Kinder Addi, Herbert and Rita und Siegmunds Schwester Berta an Bord eines Schiffes gegangen. Robin Smolen, geborene Sondheim, gehört zur zweiten Generation in den USA und erzählt die Geschichte ihrer Familie (im Original auf Englisch): „Mein Vater, Herbert Sondheim, Daddy, war noch keine zwölf Jahre alt, als er und seine engsten Angehörigen aus Hitler-Deutschland und vor der Judenverfolgung fliehen mussten. Sie mussten ihr Zuhause in Ober-Gleen und fast ihr ganzes Eigentum zurücklassen, um in Amerika Zuflucht suchen zu können. Nachdem sie in Ellis Island angekommen waren, ließen sie sich in Washington Heights nieder, einer Nachbarschaft in New York City mit einer großen deutsch-jüdischen Community. Einige Verwandte von Daddy lebten schon dort. Anfangs wohnten sie bei Tanten und Onkeln, bis sie ihre eigene Wohnung mieteten. Es war gut, Verwandte in den USA zu haben, denn Daddy und seine Eltern und Geschwister sprachen kein Englisch und mussten in diesem neuen Land ganz von vorn beginnen. Alle wohnten nah beisammen, gingen gemeinsam in die Synagoge oder spazieren und trafen sich abends zu Kaffee und Kuchen. Familienangehörige, Freunde und Geselligkeit waren ihnen wichtig gewesen in Deutschland und umso wichtiger in New York. In New York hat mein Großvater als Kaufmann gearbeitet, während meine Großmutter in eine Hutfabrik ging. Meine Tante Addi, die älter war, arbeitete in einem Büro, und Daddy und seine kleine Schwester Rita gingen zur Schule. Daddy sprach kein Englisch und musste es schnell lernen, um mitzukommen. Er war dazu entschlossen und wurde ein ausgezeichneter Schüler."

Wie viele Männer, die aus deutschen Einwandererfamilien stammten oder noch in Deutschland geboren waren, diente Herbert Sondheim in der U.S. Army. Robin Smolen

Herbert Sondheim und seine verwitwete Mutter Jettchen.

(im Original auf Englisch): „Als Daddy 1945 achtzehn Jahre alt geworden war, wurde er eingezogen. Er war sehr dankbar dafür, dass er die Gelegenheit bekommen hatte, ein neues Leben in den USA zu beginnen, und stolz darauf, seinem neuen Land zu dienen. Als Vermessungstechniker hat er Karten für die Armee erstellt. Als er 19 war, starb sein Vater, und er wurde ehrenhaft aus dem Armeedienst entlassen, damit er heimkehren und seine Familie unterstützen konnte. Daddy arbeitete tagsüber in Vollzeit und ging nachts in Vollzeit aufs College. Er machte seinen Abschluss in Buchhaltung. Während der Zeit im College fing Daddy an, für eine internationale Reederei zu arbeiten. Daddy fing als Buchhalter an, arbeitete sich hoch zum Wirtschaftsprüfer, zum Schatzmeister, und als ihm angeboten wurde, Miteigentümer der Reederei zu werden, akzeptierte er. Es war eine äußerst aufregende Erfahrung für ihn, große Frachtschiffe zu besitzen, als Agent für Spediteure zu arbeiten, mit zahlreichen Regierungen zu verhandeln, die Besonderheiten der Schifffahrtsbranche kennen zu lernen und durch die ganze Welt zu reisen. Er wurde sehr bekannt und genoss großen Respekt in der Industrie, auch als führender Schiedsgutachter der Schifffahrtsgesellschaft."

Er war inzwischen Familienvater, denn er hatte in jungen Jahren geheiratet und eine Familie gegründet. Es war Liebe auf den ersten Blick. Robin Smolen (im Original auf Englisch): „Für Daddy war meine Mom – Beatrice oder Beatie oder Bea, wie er sie nannte –, die Liebe seines Lebens. Er hatte sie bei einem Tanz in Manhattan getroffen, als er 23 war. Er sah eine schöne Blondine mit ihren Freundinnen aus dem Waschraum kommen und

Beatrice und Herbert Sondheim als Brautpaar.

wettete mit seinen Freunden, dass er sie dazu bekommen würde, mit ihm zu tanzen. Sie tat es, und sie heirateten 1952. Sie mieteten sich ein Apartment in Washington Heights in der Nähe seiner Mutter und waren glücklich dort. Meine beiden Schwestern wurden kurz hinter einander geboren, und meine Eltern entschieden, dass es Zeit war, ein Haus in der Vorstadt zu kaufen. 1960 kauften sie ein Haus, und vier Jahre später wurde ich geboren. Daddy und Mom zogen uns mit Liebe und Stolz auf, sie haben uns die Werte vermittelt, die ihnen wichtig waren. Meine Schwestern und ich hatten eine glückliche Kindheit, voller Liebe und Lachen und Spaß und Abenteuer."

In den Siebzigern hat Herbert Sondheim, der Jahrzehnte nach der Flucht seiner Familie noch ein oder zweimal in seinem Heimatdorf Ober-Gleen war, einem seiner Schwiegersöhne deutsche Redensarten und sogar einen Witz über Antisemiten erzählt und übersetzt. Die Tonaufnahme hat die Zeit überdauert, im Hintergrund sind Beatrice Sondheim und ein oder zwei Kinder zu hören. Um den Witz mit dem Frankfurter Polizeibeamten und dem jüdischen Reisenden aus der Zeit vor dem „Gelben Stern" zu verstehen, muss man wissen, dass gläubige jüdische Eltern ihre Söhne beschneiden lassen und Männer früher ihre Uhr nicht am Handgelenk, sondern überm Herzen trugen.

„And so it was. Back in Germany, in 1935, a policeman in Frankfurt on the train station, on the platform, said to a fella: ‚Hey, Jew, what time is it?' And the jew turned around and answered: ‚Now that you could look through my pants, you can also look through my vest pocket!'", sagt

Herbert Sondheim, und sein Schwiegersohn David erkundigt sich: „How was that in German" Herbert Sondheim: „He said: ‚Jude, wie viel Uhr ist es?' ‚Du hast mir durch die Hose geguckt, jetzt schau mir durch die Westentasche!'" Und weiter: „Der Apfel fällt nicht weit vom Baum. Means, the apple doesn't fall far from the tree. If the egg is smarter than the chicken, that doesn't do any good. Wenn das Ei *gescheider is* wie ein Huhn, das tut kein' gut. A thought that just came to mind is: Wenn ich mir was wünschen dürfte, käm ich in Verlegenheit. If I could (zögert)... I translate it: If I could wish myself something, I would be embarrassed, for I have everything and I can't think for anything that I could wish for myself."

Das Original, ein Chanson von Marlene Dietrich, geht allerdings so weiter: Was ich mir denn wünschen sollte, eine schlimme oder gute Zeit. Und Herbert Sondheim erinnerte sich daran, wie er als kleiner Junge seiner Mutter zum Geburtstag gratuliert hat, mit einer Blume oder einer anderen Kleinigkeit in der Hand: „A little saying for children on someone's birthday, little children particulary, that reminds me on my youth. We used to bring a flower or something and then we would stand and say: Ich bin klein, mein Wunsch ist klein, Mama, du sollst glücklich sein. Translate it? I am small that reminds my my wish is small, (zögert) ... mother, you should be (zögert) ... happy. Anyhow, it rhymes. Many of the German little sayings always (were) in form of rhymes. That's where the mainstay of their culture left them."

Deutsche Sprichwörter reimten sich oft, erklärte Herbert Sondheim seinem Schwiegersohn David. „Bis diese Hauptstütze ihrer Kultur sie verlassen hat." Offenbar identifiziert er sich nicht länger mit den Deutschen, aber das hält ihn nicht davon ab, sich über gebürtige Amerikanerinnen und Amerikaner lustig zu machen. Wenn seine Frau mit dem Garagentor nicht zurechtkommt, kommt ihm ein anderes deutsches Sprichwort in den Sinn: „Mum comes in and says she can't close the garage door. So I go out and one, two, three, the very simple procedure. So I tell David: Die Eingeborenen saaachen, sie sind Affen, sodass sie nichts zu tun brauchen. Translated it means: The natives say they are monkeys, so they don't have to do any work. That applies here, too. Till next time!"

Herbert Sondheim hatte hörbar Spaß an den Aufnahmen. Nach einer kurzen Denkpause ging es weiter. Was sagt man in jüdischen Familien, wenn Gäste gehen? Wenn es am schönsten ist, bei der größten Simcha, jiddisch für Freude, sind die Gäste nicht da. Dass sie weg sind, ist die größte Simche. Oder, wie sein Schwiegersohn sagt: Jeder Mensch macht Freude, die einen, wenn sie kommen, andere, wenn sie gehen." Und Herbert Sondheim: „Ich sage: Meistens, wenn sie gehen! So viel dazu!" In der Aufnahme sagt er: „Okay, I have the next time. On the departure of guests it is commonly said that bei dè größte Simkhe sinn die Gäst nicht da. In other words: After they left, that's the biggest simkhe. David says the equivalent for that is: Everybody brings joy, some when they come, some when they go. I say (lacht): Mostly when they go. So much for that!"

2015 ist Herbert Sondheim gestorben. Robin Smolen hat ihn in liebender Erinnerung (Zitat im Original auf Englisch):

Robin Smolen 2019 auf dem jüdischen Friedhof in Angenrod.

„Daddy war ein besonderer Mensch. Er war ein liebender Sohn, der seine Eltern respektierte und sich um sie kümmerte. Er war ein liebender Bruder, der gelegentlich einigen Unsinn machte. Er sammelte Briefmarken, legte gerne Puzzle und liebte Kartoffeln, auch wenn er manchmal keine essen durfte, weil er zu viele aß. Er war ein hingebungsvoller Ehemann und Vater und sorgte immer für seine Familie. Er hatte drei Töchter, sechs Enkelkinder und vier Urenkelkinder, außerdem nannten ihn im Alter Hunderte von Leuten Grandpa. Jedes Mal, wenn er einen Freund oder eine Freundin eines seiner Enkelkinder oder Kinder traf, fühlten sie sich ihm familiär verbunden. Er hatte einen wundervollen Sinn für Humor und ein Funkeln in den Augen und ein natürliches Talent, dafür zu sorgen, dass sich jeder wohlfühlte. Er war ein großartiger Geschichtenerzähler und hatte viele Geschichten zu erzählen über sein aufregendes Leben und seine Weltreisen. Familie, Religion, harte Arbeit, Integrität, Humor und Lebensfreude – all das war ihm wichtig. Das ist sein wundervolles Vermächtnis."

Viele Deutschstämmige aßen, was nach Heimat schmeckte. Die Kartoffeln, die Herbert Sondheim so sehr liebte, standen auch in der Familie des Klezmermusikers Yale Strom häufig auf dem Tisch. Der Ethnologe, Professor für jüdische Studien, der in San Diego lebt und arbeitet, ist in Detroit geboren und hat Wurzeln sowohl in Deutschland als auch in Osteuropa. Zusammen mit seiner Frau, der Sängerin Elizabeth Schwartz aus New York, tourt er oft durch Europa. In der alten Synagoge von Ober-Gleen, hat er im November 2017 ein Konzert gegeben, gemeinsam mit Nikolai Muck, einem Gitarristen aus Frankfurt am

Main. Yale Strom ist nicht nur ein großartiger Violinist, sondern auch ein charismatischer Unterhalter, der sein Publikum mit der authentischen jüdischen Kultur in Berührung bringt, mit der jüdischen Sprache und jüdischen Traditionen. Wie im Kartoffellied, dem Bulbes Lied.

Einer von Herbert Sondheims sechs Enkeln ist ein großes musikalisches Talent: Henry Smolen, der Sohn von Robin und Stuart Smolen, hat als Dreijähriger 2001 angefangen, Klavier zu spielen. Als er fünf Jahre alt war, trat er in San Jose, Kalifornien, zum ersten Mal öffentlich auf. Er hat überall in den USA Konzerte gegeben, unter anderem in der Carnegie Hall in New York, dem Kimmel Center in Philadelphia, auf dem Monterey Next Generation Jazz Festival und vielen anderen berühmten Festivals. Henry Smolen wurde am San Francisco Conservatory of Music aufgenommen, als er acht Jahre alt war, und hat einen Master of Music in Piano Performance seit seinem Abschluss an der Juilliard School in New York City. Das Stück, das er am Ende dieses Podcasts spielt, ist der vierte Satz von Beethovens Piano Sonate Nummer 3, Opus 2. Die Sonate, die oft als Beethovens erste virtuose Pianosonate bezeichnet wird, ist 1795 komponiert worden. Gewidmet war sie Joseph Haydn.

Zuflucht im Zweiten Weltkrieg

1939, dem Jahr, in dem Familie Sondheim in den USA Zuflucht findet, sind 83 Prozent aller Amerikanerinnen und Amerikaner dagegen, weitere jüdische Flüchtlinge aufzunehmen. Senator Robert Wagner und die Abgeordnete Edith Rogers gründen ein Rettungskomitee und versuchen, mit einem Gesetzesvorschlag, 20.000 Waisen in die USA zu holen, doch die Kinder werden in die Kontingente eingerechnet. Anders als in andere Länder gibt es keinen Kindertransport in die Vereinigten Staaten. Jüdische Deutsche werden verdächtigt, Spione zu sein. Und einige einflussreiche Antisemiten in Wirtschaftskreisen, im State Department und anderen Institutionen verhindern, dass die USA zum Zufluchtsort werden.

1940 sorgt Präsident Roosevelt dafür, dass 3268 bekannte Personen aus Wissenschaft und Kunst Spezialvisa bekommen. Der Journalist Varian Fry geht im Auftrag eines Emergency Rescue Comitee von Eleanor Roosevelt nach Marseille, um Jüdinnen und Juden zu retten.

1941 treten die USA in den Zweiten Weltkrieg ein.

1942 werden Gastarbeiterinnen und Gastarbeiter aus Mexiko gebraucht. Die rechtlichen Grundlagen dafür werden geschaffen.

1943 werden Einwanderungsbeschränkungen für Chinesen aufgehoben. Wer aus einem verfeindeten Land kommt, hat kaum noch Chancen auf Aufnahme. Das Antragsformular für ein Visum ist anderthalb Meter lang und muss beidseitig ausgefüllt werden. Zwei Bürgen werden gebraucht, die jeweils auch zwei Bürgen stellen müssen. Wer aus Italien oder dem „Dritten Reich" stammt und noch nicht eingebürgert ist, wird als Feindesausländer, als Enemy Alien, angesehen und muss einen rosa Ausweis bei sich tragen. Das Vermögen wird eingefroren. Radios, Kameras und Waffen sind den Behörden abzuliefern, nicht selten werden Kinder von ihren Eltern getrennt.

Von 1933 bis 1945 sind 107.832 Menschen aus Deutschland und Österreich in die USA eingewandert.

1948 wird der Displaced Persons Act erlassen, das erste Gesetz der Vereinigten Staaten speziell für Flüchtlinge. 400.000 Menschen, die während des Zweiten Weltkriegs entwurzelt worden sind, dürfen einreisen.
1950 wird mitten im Kalten Krieg Kommunistinnen und Kommunisten mit dem Internal Security Act die Einwanderung verweigert. In den kommenden zwei Jahrzehnten wandern 790.000 Menschen aus Deutschland in die USA aus.

Ellen's Island: Die Insel als Gefängnis

1951 darf die 36-jährige Ellen Knauff, geborene Raphael, endlich die Fähre nehmen und Ellis Island für immer verlassen. Drei Jahre lang ist sie auf der Insel festgehalten worden, die während des Krieges schon für US-Bürger mit deutschen, österreichischen, japanischen und italienischen Wurzeln zum Gefängnis geworden war. Ein langer, erbitterter Rechtsstreit liegt hinter ihr. Bis vors Oberste Gericht, den Supreme Court, ist sie gezogen und auch dort abgeschmettert worden. Der Abschiebung ist sie einmal in letzter Minute entgangen.

Mehrfach hat die internationale Presse über die frühere Zivilangestellte der U.S. Army berichtet, und sie hat Memoiren hinterlassen. Noch 2020 hat das Time Magazine online unter der Schlagzeile „A Dark Side of Ellis Island's History", eine dunkle Seite der Geschichte von Ellis Island, an ihren Fall erinnert. In ihrem jungen Leben hatte die Deutsche mehrfach das Land und auch schon einmal die Staatsbürgerschaft gewechselt. 1934 hatte sie einen

Tschechen geheiratet und war aus Dortmund in die Tschechoslowakei gezogen. Als der Krieg begann, floh sie nach England. Mehrere Jahre hatte für die Royal Air Force gearbeitet, nach dem Krieg dann für die U.S. Army in Frankfurt am Main. 1948 hatte Ellen Boxhornovà, die inzwischen geschieden war, in Frankfurt einen Kriegsveteran und US-Bürger geheiratet: Kurt Knauff, einen gebürtigen Deutschen.

Kurz nach der Hochzeit hatte Ellen Knauff in die USA einwandern wollen. Schließlich hatte der Kongress Kriegsbräute dazu eingeladen – über den War Brides Act. Die Behörden aber erklären Ellen Knauff um Risiko für die nationale Sicherheit, und das ohne weitere Erklärungen. Man hält sie für eine kommunistische Spionin und lässt sie nicht ins Land. Erst nachdem es ihr gelingt, eine Anhörung durchzusetzen, hat sie die Chance, sich zu verteidigen und ihre Unschuld zu beweisen. Eine der juristischen Kernfragen in ihrem Fall: Darf sich jemand, ohne jemals formal das Land betreten zu haben, auf die Verfassung der Vereinigten Staaten berufen?

Abschiede und Neuanfänge

1952 wird der „McCarran-Walter Act" erlassen. Die Kategorie „Rasse" darf nicht länger Ausschlusskriterium sein. Gleichzeitig wird ein ideologisches Kriterium eingeführt, denn wir befinden uns in der Ära des Kalten Krieges und der politischen Hexenjagd: Wer in die USA einreisen oder einwandern will, darf wegen politischer Einstellung abgewiesen werden.

1954 wird Ellis Island geschlossen. Der letzte der etwa 12 Millionen Menschen, die diese Station durchlaufen haben, ist der Norweger Arne Peterssen, ein 48-jähriger Seemann, der sich wieder einmal länger als erlaubt in den USA aufgehalten hatte und deshalb interniert gewesen war. Wie die Genealogin Megan Smolenyak herausgefunden hat, wurde Arne Peterssen ein Jahr später deportiert. Er starb 1981 in seinem Heimatort Larvik in Südnorwegen.

1965 wird der Immigration and Nationality Act geändert. Die nationalen Quoten werden abgeschafft.

1980 tritt der Refugee Act in Kraft. Wer aus einem Land hinter dem Eisernen Vorhang oder aus dem Mittleren Osten fliehen will, wird nicht mehr bevorzugt behandelt.

1986 tritt in der Reagan-Ära der Immigration and Control Act in Kraft. Illegale, die seit 1982 in den USA leben, fallen unter eine Amnestie. Gleichzeitig werden Arbeitgebern, die illegale Arbeiter anstellen, Sanktionen angedroht. Die Grenzkontrollen an der Grenze zu Mexiko werden verschärft.

1990 werden die Einwanderungsquoten ausgeweitet.

1995 wird die Einwanderung auf 675.000 pro Jahr begrenzt, die Mehrheit, 480.000 im Rahmen von Familienzusammenführung, 140.000 Arbeitssuchende und 55.000 aus Ländern, aus denen bisher wenige Einwanderinnen und Einwanderer verzeichnet worden sind.

Im Podcast zu hören: „*Gissde med merr off memm Wääg è Schdegg?*" (Gehst du ein Stück meines Weges mit mir?), mein Coversong des alten englischen Liedes über einen Händler oder eine Händlerin, die zur Messe nach Scarborough geht.

Unter den hessischen jüdischen Flüchtlingen aus der NS-Zeit, die Kindheitsmemoiren geschrieben haben, waren Paul Kester alias Kleinstrass aus Wiesbaden, Ruth Stern Glass Earnest aus Diez an der Lahn, die gemeinsam mit ihrer Mutter Johanna Stern, geborene Lamm aus Ober-Gleen, ihrem Vater Louis Stern aus Balduinstein und ihren Brüdern Hermann und Ernst Lothar in die USA geflohen war. Sie mussten bei fast Null neu anfangen, wie in vielen anderen Einwandererfamilien achteten die Eltern darauf, dass ihre Kinder eine gute Bildung bekamen.

Hermann und Ruth gingen erst auf eine nahegelegene öffentliche Schule, der fast 15 Jahre alte Hermann in die siebte Klasse und Ruth in die erste anstatt in die fünfte. „Das war die Strategie, um Einwandererkindern Englisch beizubringen", schrieb sie in ihren Erinnerungen. Ruth lernte die Bedeutung von Worten, die auf Bilderkarten abgebildet waren. Mit diesen Karten lernten die anderen in der Klasse schreiben. Die Namen von Ruth, Hermann und Ernst Lothar wurden angliziert, aber ihre Eltern sprachen immer noch etwas Deutsch und Jiddisch.

Herman Stern diente in der U.S. Army und arbeitete später für die Militärregierung in Deutschland, half im Zuge des Marshallplans, die Industrie in dem Land wieder aufzubauen, die seine Familie die alte Heimat nannte. Nach seiner Rückkehr hatte er eine verantwortungsvolle Position bei General Electric. Ruth Stern arbeitete mehrere Jahrzehnte als Lehrerin in New York und starb 2012. Ihre Memoiren „The Gate" (deutsche Übersetzung: „Das Türchen"), das sie ihrem zweiten Ehemann, ihren Söhnen Abraham und David Glass, ihrer Schwiegertochter Amy

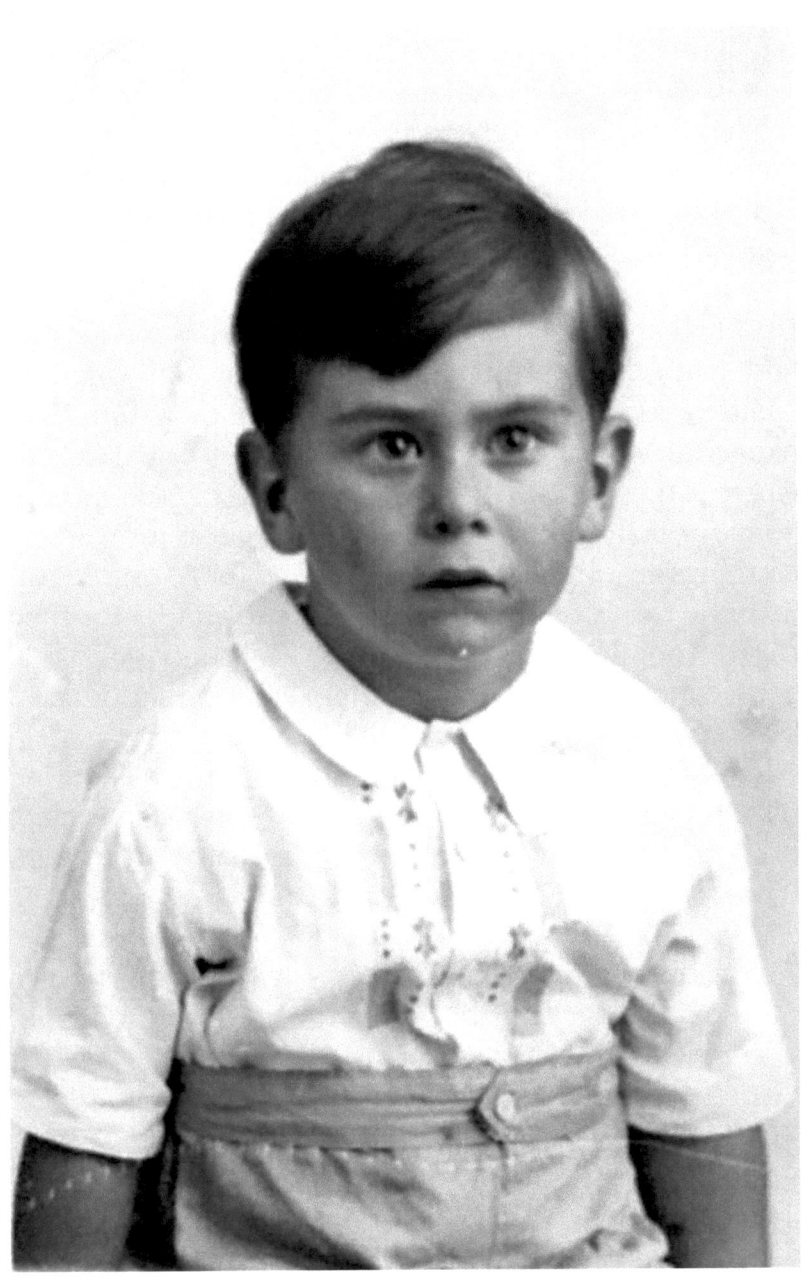

Ernst Lothar Stern aus Diez an der Lahn.

und ihren Enkelinnen Molly und Madeline gewidmet hat, sind ins Deutsche übersetzt worden. 2016, zwei Jahre vor seinem Tod, berichtete ihr kleiner Bruder Ernst (Ernie) Lothar Stern über seine erstaunliche Karriere bei dem Elektronik- und Rüstungsunternehmen Thomson CF, das heute Thales heißt.

Ernst Lothar Stern (Transkript des O-Tons): „I was educated here in the United States, I was only almost four when we came here. Went to public schools. Graduated from highschool. Went to a very good university called Cornell where I received a bachelor of science degree in economics. And worked in the electronics field all my working carreer. The job that I held longest and until I retired was with the French electronics and defense contractor then called Thomson CSF and currently called Thales, large corporation. I was the first American they hired, and I lived in New York City, in Manhattan. Our offices were in Manhattan. At first and then eventually, we began buying some companies in the United States. I became chief executive officer (CEO) of the company. Worked with them for 41 years, retired in 2002."

Fast acht Jahrzehnte nach ihrer Flucht ist Ruth Stern Gasten noch einmal in ihr Heimatdorf zurückgekehrt, um ihre Kindheitsmemoiren vorzustellen. „Ich sprech nicht mehr viel Deutsch, aber es freut mich sehr viel zu sein in Nieder-Ohmen, to be here in Nieder-Ohmen heut'", sagte sie in einer Mischung aus Deutsch, Hessisch und Englisch. „Ich hab gesehen viele Leut', das hawwe mei' Familie gekennt, und es ist gut für mei' Herz, my heart, hier zu sein." Warmer Beifall im Gemeindessaal. Salzekuchen vom

Ruth Stern Glass Earnest hat ihre Kindheitsbiografie geschrieben.

Blech. Und draußen vor dem Haus wehte die amerikanische Flagge.

Ellis Island ist seit Jahrzehnten ein Museum, die Freiheitsstatue Weltkulturerbe. Deutschland ist vom Auswan-
derer- zum Zufluchtsland geworden und hat noch immer
keine Einwanderungspolitik, die diesen Namen verdient
hätte.

Im Podcast zu hören: Henry Smolen (Klavier), Beethovens
Piano Sonate Nummer 3, Opus 2.

Und was hätte Friedrich Münch aus Nieder-Ohmen, der
hessische Amerikaner, Mitbegründer der Partei der
Republikaner, wohl zum heutigen Zustand der Demokratie in den USA gesagt? Wir wissen es nicht, aber er hätte
sich ganz sicher ein eigenes Bild gemacht, im Sinne von
Kant, und kein Blatt vor den Mund genommen.

Und es ist ein dreisprachiges Lied zu hören:

Es woar èmo
è Meening
on doa,
wu die èmo woar,
doa eas haut nit mieh viel.

Im woas sè meene,
muss merr woas weasse,
muss sech disbediern,
annern ihr Meening leasse.

Hirrd merr nit off sè dengge,
Soulangk es noch gidd.
kennd ouch ruich mo zängge,
on Dolleraans schodd nit!

Es war einmal
eine Meinung und da,
wo die einmal war,
da ist heut nicht mehr viel.

Um was zu meinen,
muss man was wissen
muss viel diskutiern,
andren ihr' Meinung lassen.

Hört mir nicht auf zu denken,
solang es noch geht!
Könnt euch ruhig mal zanken,
und Toleranz schad' net!

Once upon a time
there was an open mind,
and where it has been,
there's not much any more.

To make up your mind
you will have to learn,
to ask and discuss
views of an other kind.

You shall not stop thinking,
should always stay alert!
when arguing or listening:
and tolerance won't hurt!

Ruth Stern Gasten (Mitte) und Sam Stone (hinten links)
2017 in Nieder-Ohmen.

Anmerkungen

Mitwirkende
Teil I

Titellied (Intro): Burghard Bock, Bremen, und Monika Felsing, Bremen und Ober-Gleen. Titellied: Publikum vom 6. Oktober 2023 im Mehrgenerationenhaus in Ober-Gleen und Pauls Monika. Erste Erzählerin: Regina Dietzold, Bremen. Hessischer Soldat, Auswanderer, Deutsche, die in der Heimat zurückbleiben: Friedrich Ganten, Bremen. Märchenerzählerin: Helga Felsing, geborene Kröll, Bremen, Ober-Gleen und Alsfeld. Friedrich Jacob Wichelhausen: Werner Landwehr, Bremen. Zweite Erzählerin: Monika Felsing, Bremen und Ober-Gleen. Erzähler: Justus Randt, Bremen. Zeitungsleser: Thoralv Dunkel, Bremen. Zeitungsleserin: Christine Renken, Bremen. Walter Ruppenthal: Heinrich Lintze, Bremen und Uschlag. Deutsche Gesellschaft der Stadt New York: Barbara Schellhorn, Bremen. Jürnjakob Swehn der Amerikafahrer: Claus Franke, Bremen. Carolyn Schott: Kornelia Hattermann, Morsum. Heinrich Lemcke: Jürgen Pelzer, Berlin und Düsseldorf. Georg Fett: Eggert Peters, Bremen und Duisburg. Catharina Büttner, geborene Lanz: Christel Grein, geborene Kratz, Zell und Ehringshausen. Georg Treu: Reinhard Jung, Ritterhude. Linda Silverman Shefler: Britta Kluth, Bremen und Bremerhaven. Di grine Kuzine (Klezmer): Burghard Bock, Mandoline, Bremen. Aufnahme aus der Villa Ichon, Bremen, 2022. Gieh foadd, komm werre: oberhessischer Coversong von Monika Felsing, gesungen mit Publikum in der ehemaligen Synagoge in Ober-Gleen 2018. Konzept, Regie, Schnitt und Montage: Monika Felsing. Aufnahmen: Justus Randt, Monika Felsing und einzelne Sprecherinnen und Sprecher.

Fußnoten
Teil I:

Edds foahrn merr Ewwersee, Coversong auf das deutsche Scherzlied „Jetzt fahrn wir übern See", 19. Jahrhundert, Verfasser des Originaltextes unbekannt, Mundartvariante von Monika Felsing im Dialekt von Ober-Gleen im Vogelsbergreis. **Lied der hessischen Söldner,** gesungen am 19. Oktober 1775 in Kassel. **Die Bremer Stadtmusikanten** aus den Kinder- und Hausmärchen von 1819, gesammelt von den Brüdern Grimm. Inzwischen gibt es auch eine oberhessische Fassung im Projekt Bremer Sprachmusikanten des Literaturhauses Bremen auf dessen Website. Dieses und weitere Märchen von Pauls Monika in Ober-Gleener Mundart mit Musik stehen im Blog auf www.monikafelsing.de. **Reeder Wichelhausen:** Inserat aus dem Alsfelder Wochenblatt, März 1835. **Die Großen-Busecker Zahlen** stammen aus einem Beitrag von Weitershaus über Auswanderung aus Oberhessen, S. 199. **Die Beispiele aus Dannenrod, Maulbach et cetera** aus Wolfgang Seims Beitrag „Auswanderer aus dem Kirchspiel Maulbach", das von Karl Geisel aus Teil 2, S. 9, das von Johannes Weber aus Dannenrod, nach Seim, Auswanderung, Teil 2, S. 12. **Die Gartenlaube**, Nr. 25, 1889, S. 1, „Rettung vor Seelenhandel". **Storndorfer Frachtfuhrmann Heinrich Rausch:** Inserat, Intelligenzblatt für den Kreis Alsfeld, Februar 1848. **Amerika**, Volkslied, 19. Jahrhundert, Verfasser unbekannt. Siehe Volksliederarchiv. **Inserat von Bremer Reedern:** Alsfelder Zeitung, März 1841. **Walter Ruppenthal,** zitiert nach Felsing, „Himmel un Höll". **„Ein stolzes Schiff",** Auswandererlied aus dem 19. Jahrhundert, laut Wikipedia getextet und 1855 veröffentlicht von Heinrich Schacht (1817-1863) in seinem Buch „Bilder aus Hamburg's Volksleben", S. 131 f. **Nathan Lamm** aus Ober-Gleen wird erwähnt von Amy B. Cohen, der Autorin von „Pacific Street", in ihrem Blog: https://brotmanblog.com/tag/lamm. Die Familie ist außerdem zu finden auf der von Linda Silverman-Shefler verantworteten Seite über die Familie Lamm aus Ober-Gleen auf My Heritage. **Auswanderung aus Neustadt und Umgebung** nach den Beiträgen auf https://familienforschung-neustadt-hessen.de. **Auswandererlied** aus Oberhessen und der Wetterau, laut Volksliederarchiv 1880/90. Hinweise für die Reise aus dem **Rathgeber für Auswanderungswillige**, „Practical Advice and Information for Emigrants", erwähnt im Annual Report of the German Society of the City of New York von 1883. **Über die Ankunft in Amerika:** Gillhoff, Jürnjakob Swehn, der Amerikafahrer. **Ratschläge für Auswanderer:** Lemcke, Kanadaführer, Schlusswort. **Georg Fett** aus Maulbach: nach Seim, Auswanderung, Teil 2, S. 58 f. Catharina Büttner, geborene Lanz, aus Maulbach: nach Seim, Auswanderung, Teil 2, S. 55 f. Zitate von Georg Treu in ihrer

Reihenfolge: S. 112, S. 109 ff., S. 111, S. 117 ff. und S. 125 ff., S. 129. **Dè Konroad eas over the Ocean**: Coversong von Monika Felsing im Ober-Gleener Dialekt auf die Melodie von „My Bonnie lies over the ocean". **Die Statements von Linda Silverman-Shefler** sind in dem Ober-Gleen-Band „Himmel un Höll" von Monika Felsing und auf CD veröffentlicht worden. Auf My Heritage betreut Linda die Seiten über die Familie Lamm aus Ober-Gleen und deren leiblichen und angeheirateten Verwandten in Storndorf, Kirtorf, Diez an der Lahn, Sterbfritz und anderen Orten. Eine äußerst ergiebige Quelle für Genealoginnen und Genealogen.

Literatur
Teil 1:

Alsfelder Wochenblatt, 19. Jahrhundert, aus dem Ober-Gleener Gemeindearchiv.
Alsfelder Zeitung, 19. Jahrhundert, aus dem Ober-Gleener Gemeindearchiv.
Blaschka-Eick, Simone, In die Neue Welt! Deutsche Auswanderer in drei Jahrhunderten, Rowohlt, Hamburg 2010. Die Autorin leitet das Deutsche Auswandererhaus in Bremerhaven.
Dieselbe (Hg.) und Hermann Simon (Hg.): Irene Stratenwert, Der gelbe Schein. Mädchenhandel 1860 bis 1930, Bremerhaven 2012. Katalog zu einer Ausstellung über Schicksale von ausgewanderten Frauen im 19. und frühen 20. Jahrhundert. Speziell auf Hessen bezieht sich „Im Goldrausch: Hessische Mädchen als ‚Hurdy-Gurdy-Girls'", S. 27 ff.
Deutsche Gesellschaft der Stadt New York, German Society of the City of New York, Practical Advice and Information for Emigrants, Rathgeber für Auswanderungswillige, New York 1883.
Brüder Grimm, Kinder- und Haus-Märchen, Berlin 1819, S. 141.
Faber, Hartwig, Kleber, Carl und Bicker, Gudrun, Auswanderungen aus Neustadt (Hessen) und tangierten Orten in der Umgebung nach Amerika in den Jahren 1830-1945, publiziert in der Schriftenreise der Familiengeschichte von Neustadt (Hessen), online veröffentlicht auf den Seiten der Familienforschung Neustadt.
Felsing, Monika, Himmel un Höll, BOD, Norderstedt 2016. Und die vom Geschichtsverein Lastoria herausgegebenen CDs mit Tonaufnahmen aus dem Oral-History-Projekt über Ober-Gleen.

Gillhoff, Johannes, Jürnjakob Swehn, der Amerikafahrer.

Hailer-Schmidt, Annette: „Hier können wir ja nicht mehr leben. Hintergründe, Motive, Funktionen", erschienen in der Schriftenreihe der Kommission für deutsche und osteuropäische Volkskunde in der deutschen Gesellschaft für Volkskunde, Marburg 2004.

Helbich, Wolfgang (Hg.), „Amerika ist ein freies Land..." Auswanderer schreiben nach Deutschland, Darmstadt 1985.

Derselbe, „Alle Menschen sind dort gleich..." Die deutsche Amerika-Auswanderung im 19. und 20. Jahrhundert, Düsseldorf 1988.

Derselbe, und Walter D. Kamphoefner, Ulrike Sommer (Hg.), Briefe aus Amerika. Deutsche Auswanderer schreiben aus der Neuen Welt 1830-1930, München 1988.

Dieselben (Hg.), News from the Land of Freedom. German Immigrants Write Home, Ithaca, Cornell UP 1991.

Hinze, Werner (Hg.), „Hier hat man täglich seine Noth". Lieder von Auswanderern, Hamburg 2009.

Intelligenzblatt für den Kreis Alsfeld, 19. Jahrhundert, aus dem Ober-Gleener Gemeindearchiv.

Jochem, Marlene (Hg.), Aufbruch nach Amerika, Schriftenreihe des Theodor-Zink-Museums, Heft 17, herausgegeben im Auftrag des Referats Kultur der Stadt Kaiserslautern, Begleitband zur Ausstellung „Aufbruch nach Amerika 1709 – 2009. 300 Jahre Massenaus-wanderung aus Rheinland-Pfalz", 2009. Rheinhessen und das einstige Herzogtum Nassau werden berücksichtigt. Unter anderem wird Heinrich Georg erwähnt, dessen Erinnerungen an seine Auswan-derung 1857 veröffentlicht worden sind. Der 1821 geborene Langen-aubacher hatte 1852 sein Heimatdorf in der Nähe von Dillenburg aus wirtschaftlichen Gründen verlassen und schon bald erfahren, wie es war, „eine Waare zu sein (an der jeder etwas verdienen will)". Die Veröffentlichung steht auf https://www.kaiserslautern.de.

Knauf, Diethelm, und Barry Moreno (Hgs)., Aufbruch in die Fremde. Migration gestern und heute, Bremen 2009. Das Buch erhält unter anderem die Abbildung einer Postkarte (1895) des Gasthauses „Zur Stadt New York" von Christian Klötz in Schweinsberg. Der Gastwirt, der aus Marburg stammte, und im Alter von zwölf Jahren 1857 nach Amerika ausgewandert, zu Wohlstand gekommen und 1875 mit seiner Frau nach Hessen zurückgekehrt war, verkaufte Schiffspassagen als Agent des Norddeutschen Lloyd (S. 90). Mehr dazu, auch als Audio

auf https://www.digiwalk.de/walks/historisches-schweinsberg/de. Zu Knaufs Buch gibt es eine gleichnamige DVD.
Dieselben, Leaving Home, Migration Yesterday and Today, Bremen 2010.
Lemcke, Heinrich, Canada, das Land und seine Leute. Ein Führer und geographisches Handbuch, Leipzig 1897.
Schott, Carolyn, Yes you! Yes now! Visiting your Ancestral Town, Columbia Capstone, Seattle 2010. Sehr empfehlenswert, auch der Blog!
Seim, Wolfgang, Auswanderung aus dem Kirchspiel Maulbach, zwei Bände der Mitteilungen des Geschichts- und Museumsvereins Alsfeld, Januar 2014.
Stölting, Siegfried, Auswanderer auf alter Zeitungsgrafik, Worpswede 1987.
Urlen, Falk, Juchheisa nach Amerika, ein Beitrag über hessische Söldner auf https://www.erinnerungen-im-netz.de.
Volksliederarchiv, Müller-Lüdenscheidt-Verlag, vertreten durch Michael Zachcial, https://www.volksliederarchiv.de. Eine wertvolle, kenntnisreich kommentierte Sammlung für alle, die sich mit historischem Liedgut als Quelle historischer Forschung beschäftigen. Michael Zachcial und die Gruppe „Grenzgänger", die viele dieser Lieder zu ihrem Repertoire zählt, sind mehrfach ausgezeichnet worden. Eines der Lieder, „Maikäfer, flieg", durfte unser Geschichtsverein für das Hörbuch über den Ersten Weltkrieg nutzen.
Weitershaus, Friedrich Wilhelm, „Wir ziehen nach Amerika". Ein Beitrag zur oberhessischen Auswanderung im 19. Jahrhundert, MOHG 63, 1978, S. 185 ff., zu finden auf http://geb.uni-giessen.de.

Mitwirkende
Teil 2:

Titellied (Intro): Burghard Bock, Bremen, und Monika Felsing, Bremen und Ober-Gleen. Brüder, so kann's nicht gehn: Duo EigenArt aus Nidderau, Helmut Brück und Kirsten Ludanek. Erzähler: Burghard Bock, Bremen. Paul Follenius: Rolf Schmidt, Borgfeld. Friedrich Münch: Friedhelm Blüthner, Bremen. Erzählerin: Monika Felsing, Bremen und Ober-Gleen. Carl Schurz: Jürgen Pelzer, Berlin und Düsseldorf. Hoffmann von Fallersleben: Heinrich Lintze, Bremen und Uschlag.

Cornelius Schubert: Claus Franke, Bremen. Gottfried Duden: Peter Roloff, Berlin und Bremen. Georg Treu: Reinhard Jung, Ritterhude. Pauline Münch: Britta Kluth, Bremen und Bremerhaven. Gläichhääd, oberhessischer Coversong von Monika Felsing zur Melodie von „Der Mond ist aufgegangen" (Matthias Claudius), gesungen vom Projektchor des Benefizkonzerts zugunsten von „Reporter ohne Grenzen" bei den Alsfelder Kulturtagen 2022 in Zusammenarbeit mit Walter Windisch-Laube von der Musikschule Alsfeld. Am Klavier: Veronika Bloemers. Mitgesungen haben unter anderem Hans-Peter Klein, Bianca Haarich, Arnulf Triebel, Helmut Meß, Elisabeth Wagner, Regina Weller, Peter Jerabeck, Claudia Munsch, Monika Felsing, Anna Thum und Rebekka Bachmann. Maria Follenius: Annegret Merke, Bremen und Helgoland. Die Gedanken sind frei: Duo EigenArt und Publikum beim Weidig-Wochenende in der Ober-Gleener Kirche 2015. „Woas dir käis duh soll", oberhessischer Coversong von Monika Felsing zur Melodie von „Go Down Moses", gesungen in der ehemaligen Ober-Gleener Synagoge. „Schwesdern, sou kann's nit gieh" (Schwestern, so kann's nicht gehn): oberhessischer Coversong von Monika Felsing zur Melodie von „God save the King", gesungen von ihr und Regina Dietzold, Bremen. Jürnjakob Swehn (Mecklenburger Platt): Reinhard Goltz, Institut für Niederdeutsche Sprache, Bremen. Ruth Stern Gasten aus Nieder-Ohmen und Livermore: als sie selbst. Konzept, Regie, Schnitt und Montage: Monika Felsing. Aufnahmen: Justus Randt, Monika Felsing und einzelne Sprecherinnen und Sprecher.

Fußnoten
Teil 2:

Karl Follens Lied von 1821, siehe Volksliederarchiv. Ein Nachruf auf Karl Follen ist in den Gesammelten Schriften von Friedrich Münch (S. 38 ff.) zu finden. Der Name Follen stamme, schrieb Münch in einer Fußnote, von Füllen, sei dann in einen lateinisch klingenden Namen umgewandelt worden. Nach seiner Auswanderung habe Karl Follenius seinen Namen wieder in Follen gewandelt (ebenda, S. 38). Ein Porträt von Paul Follenius steht im gleichen Buch auf S. 92. **Follenius/Münch, Aufforderung** (im Folgenden: Aufforderung). Die Schrift ist willkürlich in Statements von Münch und Follenius aufgeteilt. die ersten drei Aussagen stammen von S. 5. Wer aus Hessen (Nieder-Gemünden, Lich,

Otterbach, Rohrbach, Rodheim, Erbenheim, Babenhausen, Stamm-
heim, Büdingen, Bohbach), Sachsen, Württemberg, Thüringen, Bayern,
Hannover, Hamburg, Böhmen, Hohenzollern und Preußen auf der
„Medora" war, ist online und in „Utopia" nachzulesen, siehe https://
sommer-republik.de. **Weiteres Statement von Münch, Friedrich,**
Gesammelte Schriften, S. 99. **Und weitere drei Statements von Münch
und Follenius,** Aufforderung, S. 9 f. **Gedicht von Münch,** Der deutsche
Pionier, S. 2. **Zitat von Carl Schurz,** S. 54. zitiert nach https://
falschzitate.blogspot.com. Deutsche Versionen des Zitats aus der
Bostoner Rede von 1859 sind demnach seit Schurz' Todesjahr 1906 im
Umlauf, meist verkürzt. Schurz, der 1829 in Liblar südwestlich von Köln
in der Preußischen Rheinprovinz geboren war, amtierte von 1877 bis
1871 als Innenminister der USA. Seine aus einer Hamburger Groß-
industriellenfamilie stammende Frau Margarethe baute, inspiriert von
ihrer älteren Schwester Bertha (Baba) Ronge, den ersten und zudem
deutschsprachigen Kindergarten im Sinne Fröbels in den USA auf
(siehe Hoerder, S. 62). Das Wort kindergarten wird heute noch in den
USA verwendet. Margarethe, die noch 1867 eine Kur in Wiesbaden
gemacht hatte, starb 1876 im Alter von 43 Jahren nach der Geburt
ihres fünften Kindes an Kindbettfieber und wurde in Hamburg
bestattet. Ihre Mutter Agathe Margaretha Meyer, geborene Beusch,
die elf Kinder zur Welt gebracht hatte, war ebenfalls im Wochenbett
gestorben, im Alter von 39 Jahren. Margarethes ältere Schwester
Bertha, eine Frauenrechtlerin, Fröbelschülerin und Mutter von sieben
Kindern, hatte ihren ersten Mann für einen katholischen Priester
verlassen und war mit drei ihrer sechs Kinder aus erster Ehe zu ihrem
zweiten Mann nach England gegangen. Ein siebtes Kind, eine Tochter,
kam dort zur Welt. Die Kindergartenpionierin starb 1863, kurz vor
ihrem 45. Geburtstag, in Frankfurt am Main. Mehr über Bertha auf
https://www.nifbe.de. **Hier am Mississippi,** zitiert nach https://
www.von-fallersleben.de. **Cornelius Schubert,** zitiert nach Rohrbach,
M10b, M10c und M11a. **Friedrich Münch,** zitiert nach Rohrbach, M11a.
Gottfried Duden, S. 233, zitiert nach Utopia, S. 56. **Friedrich Münch,**
Gesammelte Schriften, S. 114 f. **Georg Treu,** Ratgeber, S. 135. **Pauline
Münch,** private Sammlung Marylin H. Merrit, zitiert nach Utopia, S.
157. **Maria Follenius,** Zentralbibliothek Zürich, Ms. Z II 420 a.3., zitiert
nach Rohrbach, M11d. **Pauline Münch,** private Sammlung Marylin H.
Merrit, zitiert nach Utopia, S. 204. **Friedrich Münch,** Speech July 4, S.

3. **Heinrich Lemcke**, St. Charles Democrate, St. Charles, Missouri, 27. März 1862, zitiert nach Utopia, S. 219. In seinen Lebenserinnerungen (Gesammelte Werke, S. 100) sagt Münch außerdem, dass sich „frische Europäer" zum Pionierleben nicht besonders eigneten, sich die Deutschen „zu leicht und gerne" zersplittern und „dem mißtrauen, der die Rolle des Führers übernimmt". **Nachruf**, zitiert nach „Utopia", S. 222 f. **Georg Treu**, S. 202 ff., S. 204 ff., S. 206. **Jim Münch**, Mail vom 22. Juli 2023, und https://www.jamesfmuench.com. **Schwesdern, sou kann's nit gieh (Coversong)**, Monika Felsing. **Friedrich Münch über Frauen**, Gesammelte Schriften, S. 113 und S. 122, dann Münch, Der Staat Missouri, Ausgabe von 1859, S. 38, zitiert nach Muehl und ebenda, Ausgabe von 1875, S. 98. f. Der Text geht weiter, siehe https://digital.staatsbibliothek-berlin.de: „Den Sohn erklärt das Gesetz mit seinem einundzwanzigsten Jahre als selbstständigen Bürger, und er beginnt nun seine eigene Laufbahn. Was er ergreifen soll, darüber ist er selten verlegen -, mehr als ein Weg steht im offen, selbst wenn die Aeltern nur wenig für ihn thun können. Gewöhnlich behalten diese eins der Kinder – meist den jüngsten Sohn – bei sich, um bei ihm ihre Tage zu beschließen; oder aber wird nach der Aeltern Tod Alles verkauft und unter die Kinder verteilt." Zu den Arbeitsbedingungen der Frauen vergleiche unter andere Pickle, Contented Among Strangers, S. 54. **Wäschmaschie** (Coversong auf die deutsche Nationalhymne), Monika Felsing. **Jürnjakob Swehn:** Mehr über Carl Wiedow (1847-1913) und seine Frau Elisabeth, samt Familienfoto, auf https://de.findagrave.com/memorial/146962830/carl-wiedow. Das Zitat aus dem Buch: Gillhoff, Jürnjakob Swehn, der Amerikafahrer. **Friedrich Münch, Aufsatz über die gesellschaftliche Stellung und die Rechte von Frauen**, Missouri 1848. Die Muench Family Association hat den Text über German immigrant women online gestellt: https://www.muenchfamilyassociation.com. An anderer Stelle schreibt Münch (Gesammelte Schriften, S. 288), er wolle keine Frau „gesetzlich oder gewaltsam" daran hindern, als Rednerin öffentlich aufzutreten – „aber ich mag sie nicht zu meiner Frau haben". Wenn „nicht alles in Gemeinden verfallen soll", müsse man „vor Allem das edlere weibliche Element in seiner Reinheit und frei von fratzenhafter Entstellung zu erhalten bemüht sein". Nicht leicht nenne „die Geschichte den Namen eines wahrhaft großen Mannes, ohne zugleich nachzuweisen, dass er von einer trefflichen Mutter geboren und gebildet war". Vergleiche Peavy/Smith und Schelbitzki Pickle.

Literatur
Teil 2:

Addresses In Memory Of Carl Schurz, Address of Professor Eugene Kühnemann, New York Committee of the Carl Schurz Memorial, New York 1906, S. 24.

Bergerson, Andrew Stuart und Logge, Thorsten (Hgs.), German Migration to Missouri. A Transnational Student Research Project, veröffentlicht durch die Landeszentrale für Politische Bildung, Hamburg, 2019. Steht online auf https://www.geschichte.uni-hamburg.de.

Der deutsche Pionierverein von Cincinnati, Der deutsche Pionier, Ohio 1872.

Follenius, Paul, und Münch, Friedrich, „Aufforderung und Erklärung in Betreff einer Auswanderung im Großen aus Teutschland in die nordamerikanischen Freistaaten", zweite Auflage, Gießen 1833. Online unter anderem auf https://rosdok.uni-rostock.de.

DeWitt, Petra, Der Staat Missouri, Friedrich Münch's German-American Perception of and Guides to Missouri, 1859-1875, Yearbook of German-American Studies 45 (2010), S. 17 ff. Dank für Jim Münch für den Hinweis.

Duden, Gottfried, Bericht über eine Reise nach den westlichen Staaten Nordamerika's und einen mehrjährigen Aufenthalt am Missouri (in den Jahren 1824, 25, 26 und 1827), in Bezug au Auswanderung und Uebervölkerung, Elberfeld 1829.

Gillhoff, Johannes, Jürnjakob Swehn der Amerikafahrer, 7. Auflage, München 2009.

Dirk Hoerder, Geschichte der deutschen Migration vom Mittelalter bis heute, München 2010.

Horst, Corinna, „More than ordinary...": The female migration experience and German immigrant women in nineteenth century Cincinnati, Diss. Miami University, 1998.

Muehl, Siegmar, Shock of the New: Advising Mid-Nineteenth-Century German Immigrants to Missouri, Yearbook of German American Studies 33, 1988, S. 85-101. Dank an Jim Muench für den Hinweis.

Muench Family Association, https://www.muenchfamilyassociation.-Com.

Münch, Friedrich, Gesammelte Schriften, St. Louis 1902. Das Buch ist online zu finden, auf archive.org.

Derselbe, Speech, July 4, 1840, Coll. AO747, Immigration to Missouri Collection (IMC). St. Louis: Missouri History Museum Archives. Zitiert nach Alexander Banks und Michael Spachek, German Americans and Slavery in: Bergerson und Logge, German Migration to Missouri, S. 14 ff.

Derselbe, Opfer für die gute Sache, Nachruf auf seinen Sohn, veröffentlicht am 1. September 1861, zitiert nach: Utopia, S. 222 f..

Derselbe (Hrsg.): Erinnerungen aus Deutschlands trübster Zeit, dargestellt in den Lebensbildern von Karl Follen, Paul Follen und Friedrich Münch, St. Louis (Missouri) und Neustadt a.d. Haardt 1873.

Derselbe, Der Staat Missouri, geschildert mit besonderer Rücksicht auf teutsche Einwanderung, C. Hauser, New York, 1859. Weitere Auflagen: Der Staat Missouri. Ein Handbuch für deutsche Auswanderer. Mit einem Anhange, mehreren Abbildungen und der neuesten Karte des Staates Missouri. 3., den neuesten Verhältnissen entsprechend und ganz umgearbeitete und ansehnlich vermehrte Auflage, Tannen, Bremen 1875. Zu finden auch auf https://digital.staatsbibliothek-berlin.de.

Derselbe, A treatise on religion and christianity, orthodoxy and rationalism. An appeal to the common-sense of all who like truth better than. B. H. Greene, Boston 1847.

Derselbe, American Grape Culture. Brief But Thorough and Practical Guide to the Laying Out of Vineyards, the Treatment of Vines, and the Production of Wine in North America. Conrad Witter, St. Louis, Missouri 1859.

Amerikanische Weinbauschule, St. Louis 1877.

Derselbe, "On the Position and Rights of Women",Channing, William Henry, ed. The Spirit of the Age, vol. I, no. 18, Sat., 11/3/1848, p. 283. Duplicated in: Woman's Place is in the History Books, Her Story: 1620-1980: A Civic Guide for American History Teachers.

Münch, James F., https://www.jamesfmuench.com. Auf der Website des Nachfahren findet sich Material über Friedrich Münch, der unter dem Pseudonym „Far West" publiziert hat.

Derselbe, Anita M. Mallinckrodt, Marc Houseman und Cathie Schoppenhorst, T*he Historic 1830s German Immigration to Missouri*, Missouri 2016.

Münch, Pauline, Aus dem Familienbericht von Pauline Münch. Sammlung Marilyn H. Merrit. Transkribiert von Rolf Schmidt. Zitiert nach Rohrbach, Rita, dort veröffentlicht mit freundlicher Genehmigung von Marilyn H. Merrit und Rolf Schmidt.

Olshausen, Theodore, Der Staat Missouri, geographisch und statistisch beschrieben; also Karte des Staats Missouri nach den besten Hülfsmitteln bearbeitet, Akademische Buchhandlung, Kiel 1854.

Reisende Sommerrepublik und Stadtarchiv Gießen, Utopia. Aufbruch in die Utopie, Bremen 2013. Aufwendig gestalteter, deutsch-englischsprachiger Ausstellungskatalog über den Versuch der Gründung einer deutschen Republik in den USA im frühen 19. Jahrhundert.

Rohrbach, Rita (Hg.), Bleiben oder gehen. Die Gießener Auswanderungsgesellschaft. Ein Schülerheft für die Sekundarstufe in der Reihe Schülerhefte zur Geschichte Gießens, Gießen 2013.

Schelbitzki Pickle, Linda, "German-Speaking Women in Nineteenth Century Missouri: The Immigrant Experience", in Whites, LeeAnn et al., Women in Missouri History, University of Missouri Press, 2004, S. 42-63.

Dieselbe, Contented Among Strangers, Rural German Speaking Women and Their Families in the Nineteenth Century Midwest, University of Illinois Press, 1996. Pickle hat sich intensiv mit Mentalitätsfragen, mit der Rolle der Frau in verschiedenen gesellschaftlichen Schichten im deutschsprachigen Raum befasst, mit Paarbeziehungen und Lebensumständen in den USA. Unter anderem geht sie auch auf Jürnjakob Swehn alias Carl Wiedow und auf Friedrich Münch ein.

Dieselbe, Stereotypes and Reality: Nineteenth-Century German Women in Missouri, in: Missouri Historical Review 79, 1985, S.291-312.

Schmidt, Rolf, Die Gießener Auswanderungsgesellschaft. Vom Scheitern einer deutschen Republik, in MOHG 5, 2010, S. 77 ff. Das pdf steht auf http://geb.uni-giessen.de. Rolf Schmidt aus Borgfeld ist zugleich Autor einer Romantrilogie zum Thema (nicht nach dem Erscheinungszeitpunkt, sondern nach dem Ablauf der Ereignisse: 1. Die Aufforderung. 2. Warten auf die Flut. Ein historischer Harriersand-Roman. 3. Der Auszug. Von der Weser zum Missouri) und war Mitglied der Reisenden Sommerrepublik. Seine Recherchen haben ihn auch nach Nieder-Ohmen und Missouri geführt.

Schröder, Gustav, Heimatlos auf Hoher See: Bericht vom Kapitän der St. Louis, Berlin 1949, online gestellt von Hape Etzold. Über Kapitän Schröder und die Fahrt der St. Louis gibt es mehrere Bücher und auch mindestens einen neueren Spielfilm.

Schubert, Cornelius, Tagebuch von 1834, transkribiert von Jürgen Schmitz und Rolf Schmidt, veröffentlicht in Rohrbach, Rita, Bleiben oder gehen, mit freundlicher Genehmigung von Rolf Schmidt und Jürgen Schmitz. Das Tagebuch liegt in den Schubert Family Papers, Western Historical Manuscript Collection, Columbia, Missouri.

Schurz, Carl, "True Americanism", Address, Faneuil Hall, Boston (18 April 1859) in: Speeches of Carl Schurz, J.B. Lippincott and Co., Philadelphia: 1865, archive.org, zitiert nach https://falschzitate. blogspot.com.

Smith, Ursula und Peavy, Linda, Pioneer Women. The Lives of Women on the Frontier, Glasgow, Scotland, 1986. Smith und Peavy beschreiben die Umstände, unter denen Frauen verschiedener Schichten, Kulturen und Epochen in den Westen gezogen sind oder, wie die indigenen Frauen, dort bereits gelebt haben, als die Trecks und die Soldaten kamen. Die Pionierinnen haben in der öffentlichen, männerzentrierten Wahrnehmung lange Zeit keine Rolle gespielt. Die Autorinnen schildern die Stellung der Frauen innerhalb der Familie, aber auch ihre ungeheuren Anstrengungen, unter den widrigsten Bedingungen einen Haushalt zu führen, ihre Sorge um ihre Kinder, und als reale Gefahr nicht nur Schlangen oder Bären, Hunger, Kälte und „Indianerkriege", sondern auch die hohe Wöchnerinnen- und Kindersterblichkeit. Auch dem Kampf um Frauenrechte ist ein Kapitel gewidmet. Dieselben, Westwärts mit gerafften Röcken. Pionierinnen in Nordamerika. Verlag Gerstenberg, Hildesheim 2012. Die deutsche Ausgabe.

Treu, Georg, Ratgeber für Auswanderungswillige, 1848.

Vieth, Richard, Adventure into Hope: the Founding and Fate of the Giessen Emigration Society and its Organizers Friedrich Muench and Paul Follenius,

Volksliederarchiv, Müller-Lüdenscheidt-Verlag, vertreten durch Michael Zachcial, https://www.volksliederarchiv.de.

Warren County Historical Society, Friedrich Muench and the Giessen Emigration Society's role in Missouri still visible today.

Weitershaus, Friedrich Wilhelm, „Wir ziehen nach Amerika. Ein Beitrag zur oberhessischen Auswanderung im 19. Jahrhundert, MOHG 63, 1978, S.185-201. Steht online. Weitershaus war noch davon ausgegangen, dass die Passagierlisten der Schiffe, mit denen die Gießener Auswanderungsgesellschaft unterwegs war, vernichtet worden waren.

Mitwirkende Teil 3:

Titellied (Intro): Burghard Bock, Bremen, und Monika Felsing, Bremen und Ober-Gleen. Lied „Heute an Bord": Shantychor Bremen-Mahndorf unter Leitung von Slava Kravets. Erzählerin, Ida Hase, Joa, mir schwewe (Gedicht): Monika Felsing, Bremen und Ober-Gleen. Ruth Stern Gasten: Erika Thies, Worpswede, Bremen und Bremerhaven. Erzähler: Justus Randt, Bremen. Edmund Badenhausen: Hans-Peter Klein, Melsungen. Gedicht „Ja, wir schweben": Burghard Bock, Bremen. Mediziner: Werner Landwehr, Bremen. Heinrich Lemcke: Claus Franke, Bremen. Georg Treu: Reinhard Jung, Ritterhude. Gustav Freiherr von Berg: Reinhard Jung, Ritterhude. Cimbria und Untergang der Cimbria: Heinrich Lintze, Bremen und Uschlag. Muss i denn (Blasmusik): Herz 7 aus Oberhessen, Steffen Rausch, Michael Göller, Johannes Weil, Gernold Bottighofen, Siggi Steinacker, Jens Zulauf und Ralf Haberzeth. Muss ech dann (Ober-Gleener Dialekt): Helga Felsing, geborene Kröll, Bremen, Ober-Gleen und Alsfeld. „Die Gedanken sind frei" und „Hopp, hopp, hopp, Pferdchen, lauf Galopp": das **Publikum von Ruth Stern Gastens Buchpremiere („Zufällig Amerikanerin") in Nieder-Ohmen.** Konzept, Regie, Schnitt und Montage: Monika Felsing. Aufnahmen: Justus Randt, Monika Felsing und einzelne Sprecherinnen und Sprecher.

Fußnoten Teil 3:

Heute an Bord, Seemannslied aus dem 19. Jahrhundert, Komponist unbekannt, deutscher Text vermutlich von Paul Vollrath, 1903. **Auszüge aus dem Buch von Ruth Gasten**, An Accidental American/Zufällig Amerikanerin. **Auszüge aus einem Brief von Edmund Badenhausen**, von Ida (Hase) Asterita ins Englische und von

Monika Felsing zurück ins Deutsche übersetzt. **Joa, mir schwewe.** oberhessischer Liedtext von Monika Felsing Melodie von Rod Stewart. Die Übersetzung heißt **„Wir schweben"**. **Der Arzt Dr. Jens Kofahl,** Deutsche Gesellschaft zur Rettung Schiffbrüchiger (DGzRS, German Society for the Rescue of Shipwrecked Persons), Cuxhaven, zitiert auf der Website der DGzRS. Heinrich Lemcke, Canada, das Land und seine Leute. **Hintergrundinformationen über Edmund Badenhausen:** aus dem Blog Badmorgen von Susan Eldridge, geborene Badenhausen, und Beitrag von Herbert Simon über Auswanderer aus Melsungen. **Erinnerungen von Ida Hase** auf Badmorgen.

Gustav, Freiherr von Berg, Zitate: Berg, Gustav von, Meine Lieben, S. 2. und S. 14. Liedtext von Lydia Schmittborn, Espa, 1883. Texte im Volksliedarchiv, aber unter anderem auf der Seite des aus dem Hunsrück stammenden Musikers Jürgen Thelen alias Thelonius Dilldapp, http://auswandererlieder. dilldapp.de. **Weiteres Cimbria-Gedicht:** Verfasser unbekannt, siehe auch Volksliederarchiv. Mehr über die „Cimbria" im Cuxhavener Wrack- und Fischereimuseum „Windstärke 10". Dr. Jenny Sarrazin, die langjährige Leiterin des Museums, befasst sich unter anderem in Vorträgen mit dem Schiffsunglück. Das Archiv der Handelskammer und die Gesellschaft für Familiengeschichte e.V., die MAUS, haben die Passagierliste der „Johanne" mit Unterstützung der Ehrenamtlichen aus der Gruppe der „Aus-Wanderer-Mäuse" online gestellt: http:// www. passagierlisten.de. Seit der „Verordnung wegen der Auswanderer mit hiesigen oder fremden Schiffen" von 1832, dem ersten staatlichen Gesetz in Deutschland zum Schutz der Auswanderer, waren Passagierlisten Vorschrift, 19 Jahre später gründete die Bremer Handelskammer das „Nachweisungsbureau für Auswanderer". Kapitäne lieferten dort ihre Listen ab. Von 1875 bis 1907 durften Listen, die älter als drei Jahre waren, vernichtet werden. Heute umfasst das Archiv der Handelskammer Bremen 3017 von ursprünglich mehr als 4500 Passagierlisten aus der Zeit von 1920 bis 1939.

Der posthum erschienene Band mit Gedichten und Prosatexten der Holocaust-überlebenden Hilda Stern Cohen, gebürtige Stern aus Nieder-Ohmen heißt „Genagelt ist meine Zunge". **Zum Foto von Elvis:** Das Museum in Kirtorf ist in einem Fachwerkhaus etwas oberhalb des Rathauses untergebracht und häufig an Sonntagnachmittag, aber auch nach Absprache mit dem Heimatverein Stadt Kirtorf geöffnet.

Literatur
Teil 3:

Asterita, Ida Hase, Letters From Edmund, as translated by Ida (Hase) Asterita, badmorgen.wordpress.com. Briefe von Edmund. Ins Deutsche zurück übertragen von Monika Felsing. Das Original ist verschollen.

Berg, Gustav Freiherr von, An meine Lieben in der Heimat. Reisebriefe aus Nord-Amerika vom 25. Juli bis 28. November 1893, Wien 1894. Steht auf archive.org. Die einzelnen Kapitel heißen: „Reisepläne und Vorbereitungen. Auf hoher See. In New-York. In Newport und Boston. Fahrt auf dem Hudson und nach Saratoga. In Canada. Von den Niagara-Fällen nach Chicago. Von Chicago zum Yellowstone-Park. Von Livingstone nach San Francisco. San Francisco und Umgebung. Vom Yosemite-Thal nach Los Angeles. Von Los Angeles bis New-Mexico. Von Denver bis Chicago. Chicago. Von Chicago nach Milwaukee und New Orleans. Von New Orleans nach Washington. Von Washington nach New-York. Abschied von Amerika. Wie denken Sie über Amerika?"

Felsing, Monika, drei Liederbände mit Mundartliedertexten mit historischem und aktuellem Hintergrund, „Owengliejer Lirrerbichelche", „Naue Lirrer" und „Mir". Auch der Text von „Ja, wir schweben" in Ober-Gleener Mundart ist bereits veröffentlicht.

Fittkau, Tanja, Vom zusätzlichen Frachtgut zum umworbenen Kunden. Die Überfahrtsbedingungen für Seereisende und ihre Grenzerfahrungen 1830-1932, herausgegeben vom Deutschen Auswandererhaus Bremerhaven 2020.

Gasten, Ruth Stern, An Accidental American, Xlibris, Corp., 2010. Dieselbe, Zufällig Amerikanerin, BOD, übersetzt von Monika Felsing, Norderstedt 2017.

Kofahl, Jens, Deutsche Gesellschaft zur Rettung Schiffbrüchiger (DGzRS, German Society for the Rescue of Shipwrecked Persons), siehe den Beitrag „Vor Seekrankheit ist niemand gefeit" auf https://www.seenotretter.de.

Lemcke, Heinrich, Canada, das Land und seine Leute. Ein Führer und geographisches Handbuch, Leipzig 1897.

Schmittborn, Lydia, „Zwei Brüder wollten wandern (Untergang der Cimbria)", Espa 1883. Die Melodie ist ein Volkslied, die Melodie von „Mein Hut, der hat drei Ecken". Näheres im Volksliederarchiv online.

Silcher, Friedrich, „Muss i denn zum Städtele hinaus", Schwaben (Deutschland), 1827.

Simon, Herbert, Die Auswanderung von Bürgern aus Hessen insbesondere aus der Stadt und dem ehemaligen Kreis Melsungen nach Nordamerika im 19. Jahrhundert, S. 218 ff., siehe http://www.vhghessen.de und https://www.archiv-melsungen.de.

Stern-Cohen, Hilda, Genagelt ist meine Zunge. In Zusammenarbeit mit Werner V. Cohen herausgegeben von Erwin Leibfried, Sascha Feuchert und William Gilcher, Bergauf-Verlag, Frankfurt/Main 2003. Erschienen als Band 2 der Reihe Memento, einer gemeinsamen Schriftenreihe der Ernst-Ludwig-Chambré-Stiftung zu Lich und der Arbeitsstelle Holocaustliteratur **der Justus-Liebig-Universität Gießen. Ruths Cousine Hilda war 1924 in Nieder-Ohmen geboren und ist 1997 in Baltimore gestorben. Der Titel greift die erste Strophe eines ihrer Gedichte auf:** „Genagelt ist meine Zunge an eine Sprache, die mich verflucht, hineingehämmert in meine Ohren mit den Tönen der Liebe und des fressenden Hasses."

Unbekannter Autor, unknown Author, „Der Untergang der Cimbria", Gedicht, etwa 1883. Siehe Volksliederarchiv online.

Vollrath, Paul, „Heute an Bord", Seemannslied von 1903, unbekannter Komponist.

Mitwirkende
Teil 4

Titellied (Intro): Burghard Bock, Bremen, und Monika Felsing, Bremen und Ober-Gleen. Gedicht von Emma Lazarus (Auszug, englisch und deutsch): Erika Thies, Worpswede, Bremen und Bremerhaven. Erzählerin: Monika Felsing, Bremen und Ober-Gleen. Zeitleiste: Burghard Bock, Bremen, Mustafa Kour, Bremen und Kobane (Syrien), Werner Landwehr, Bremen, Heinrich Lintze, Bremen und Uschlag, Eggert Peters, Bremen und Duisburg, Kritika Thapa, Bremen und Nepal, Monika Felsing, Bremen und Ober-Gleen, Regina Dietzold, Bremen, Barbara Schellhorn, Bremen, Thoralv Dunkel, Bremen, Christine Renken, Bremen, Karoline Lentz, Bremen, Annegret Merke, Bremen und Helgoland. Franz Pastorius: Justus Randt, Bremen. George Schneider: Friedrich Ganten, Bremen. Volksmusik aus Russland (Akkordeon): kurze Auszüge aus dem Auftritt von Laura Schneider und ihres

Großvaters an Weihnachten 2014 in der Kirche von Ober-Gleen. Panis Angelicus (1872), gesungen von Gabriele Gonder Carey. Komponist: César Franck. Am Klavier: Stephanie Puhl Young, Leiterin des Kirchenchores der Emanuel Evangelical Lutheran Church in La Habra (USA). „Mir sai all Geschwisder", oberhessischer Coversong von Monika Felsing zur Melodie des Klezmerstückes „Ale Brider", und „Ean dene donggle Zaire", oberhessischer Coversong von Monika Felsing zur Melodie von „O mio babbino caro" (Puccini), gesungen vom Projektchor des Benefizkonzerts zugunsten von „Reporter ohne Grenzen" bei den Alsfelder Kulturtagen 2022 in Zusammenarbeit mit Walter Windisch-Laube von der Musikschule Alsfeld. Am Klavier: Veronika Bloemers. Mitgesungen haben unter anderem Hans-Peter Klein, Bianca Haarich, Arnulf Triebel, Helmut Meß, Elisabeth Wagner, Regina Weller, Peter Jerabeck, Claudia Munsch, Monika Felsing, Anna Thum und Rebekka Bachmann. Konzept, Regie, Schnitt und Montage: Monika Felsing. Aufnahmen: Justus Randt, Monika Felsing und einzelne Sprecherinnen und Sprecher.

Fußnoten
Teil 4

Emma Lazarus, Auszug aus dem Sonett „The New Colossus" von 1883. Die Dichterin half dabei, Geld für den Bau des Podestes zu sammeln, auf dem die Freiheitsstatue stehen sollte. Seit 1903 stehen die Zeilen auf einer Bronzetafeln im Inneren dieses Sockels. Das Gedicht beginnt mit den Zeilen: „Not like the brazen giant of Greek fame with conquering limbs astride from land to land here at our sea-washed, sunset gates shall stand a mighty woman with a torch, whose flame is the imprisoned lightning, and her name Mother of Exiles. From her beacon-hand glows world-wide welcome; her mild eyes command the air-bridged harbor that twin cities frame. „Keep, ancient lands, your storied pomp!" cries she with silent lips..." **Pastorius,** zitiert nach Brandt, Krefelder Website. **George Schneider:** Gräf, S. 127. **1777** – Hessisches Auswandererbuch, S. 138. **1778** – ebenda, S. 401. **1823** – Gräf, S. 138 ff. **1837** – Gräf ebenda. **1862** – Georg Asmus, Hessisches Auswandererbuch, S. 56. **1866** – Im Vorwort seiner Lebenserinnerungen reimt Tebbens: „Wer einst dies Buch wird lesen, wird wissen, wer und wie ich bin gewesen. Nun Freund, zu diesem Zweck ward es geschrieben in stillen Mußestunden, die mir blieben. (...) Erinnerungen, wie sie mir geblieben, von Kinderspielen, die wir trieben, Erlebtes und Gedachtes aller Art hab ich wahrheitsgetreu hier offenbart. (...) In Blättern findest du Bericht. Langweilt es dich – so les es nicht. C.J. Tebbens." 1887 – Der Abschiedsbrief von Parsons steht auf https://historymatters.gmu.edu. Zitiert wird das Buch von Lucy Parsons.

Literatur
Teil 4:

Ashbaugh, Carolyn, Lucy Parsons. An American Revolutionary, 2013. Auf https://www.haymarketbooks.org wird die amerikanische Radikale, Frauenrechtlerin und farbige Autorin, Witwe von Albert Parsons und Mutter seiner Kinder, gewürdigt. Einige ihrer Aussagen über die Rechte und die Situation von Schwarzen nahmen Positionen von Eugene Debs voraus, dem Präsidentschaftskandidaten, über den Yale Strom einen Film gemacht hat.

Asmus, Georg, Amerikanisches Skizzebüchelche, Zwei Episteln in Versen in hessischer Mundart, 1. Epistel: Wissmer & Rogers News Co., New York 1874 2. Aufl. und 2. Epistel: vgl. V. Eduard Heinrich Mayer Cöln und Leipzig 1876.

Brandt, Armin M., Bau deinen Altar in fremder Erde, Jahre Germantown. Stuttgart. 1983. Auf https://angekommen.com wird unter „Route Migration Erinnerungsort Pastorius-Denkmal Krefeld" nach diesem Buch zitiert, zum einen die Proklamation gegen die Sklaverei vom 18. April 1688, aber auch ein Brief von Pastorius an seine Eltern, in dem es um die Urbevölkerung geht: „Ich habe vergessen, ein paar Worte von den sogenannten Indianern oder Wilden zu gedenken: Es sind gutherzige, redliche Leute, die dereinst an dem großen Gerichtstag mit denen von Tyros und Sidon gemeinsam auftreten werden, um die falschen Maul-Christen zu beschämen. Zwei von ihren Königen und Königinnen haben mich etliche Male besucht, denen ich nach Möglichkeit alle Liebe erweise."

Gräf, Holger Th., Ein oberhessischer Hirtensohn beim „Letzten Mohikaner". George Schneider aus Fellingshausen im „French and Indian War" (1754-63) und die transatlantischen seiner Familie bis zur Mitte des 19. Jahrhunderts, in: Mitteilungen des Oberhessischen Geschichtsvereins Gießen 101 (2016), S.121-142.

Herder, Hans (Hg.), Hessisches Auswandererbuch. Berichte, Chroniken und Dokumente zur Geschichte hessischer Einwanderer in den Vereinigten Staaten 1683-1983. Ein hessischer Beitrag zum 300. Jahrestag der ersten deutschen Einwanderung in Amerika, Frankfurt/M. 1983.
Nuhn, Heinrich: August Spiess - Ein hessischer Sozialrevolutionär in Amerika, Winfried Jenior, 2000, https://www.museum-friedewald.de.
Parsons, Lucy, Life of Albert R. Parsons, Chicago 1889.

Mitwirkende
Teil 5

Titellied (Intro): Burghard Bock, Bremen, und Monika Felsing, Bremen und Ober-Gleen. Erzählerin und Zeitleiste: Monika Felsing, Bremen und Ober-Gleen. Heinrich Lemcke: Reinhard Jung, Ritterhude. Christoph Tebbens: Friedhelm Blüthner, Bremen. Erzählerin und Frau eines Gastwirts und Zeitleiste: Barbara Schellhorn, Bremen. Einwanderungsbeamter und Zeitleiste: Thoralv Dunkel, Bremen. Zeitleiste und alte Mutter: Regina Dietzold, Bremen. Russischer Jude, Jury-Mitglied, Vater, Zeitleiste: Karoline Lentz, Bremen. Erste Amerikanerin: Annegret Merke, Bremen und Helgoland. Richter und Dolmetscher: Christine Renken, Bremen, Theater Interaktiwo. Mutter: Helga Felsing, Bremen, Ober-Gleen und Alsfeld. Konzept, Regie, Schnitt und Montage: Monika Felsing. Aufnahmen: Justus Randt, Monika Felsing und einzelne Sprecherinnen und Sprecher.

Fußnoten
Teil 5

1892 – Das Deutsche Auswandererhaus in Bremerhaven ist online unter https://dah-bremerhaven.de. **1893** – Zu finden unter „Stangen's Party" auf https://leibniz-ifl.de. **Heinrich Lemcke**, in: Die Gartenlaube. **Tebbens**, siehe oben. **Zu Ellis Island** siehe auch „The Devil's Isle (Knauf/Moreno, Leaving Home, S. 104, Bibliographie Part I). In dem Artikel von 1910 unter dem Titel „Answers" beschreibt der Journalist die Szenerie: „Before being officially recieved on American soil, immigrants to New York are taken over (...) to Ellis Island. When this vessel arrives alongside the liner, loud orders are given to the immigrants: All form in line for the shore! Close up! Step this way with your green health-cards handy! Bring all your hand baggage wirth you!" On Ellis Island, a specialist examines everyone for trachoma, „folding back each eyelid in a very rough manner". Next, the immigrants are individually chalked. The journalists finds himself "one of fifty white, black, red and yellow immigrants". And: "Strip! Comes the order. Take everything off and line up as you were born. I protest. I am a Britisher. No matter! comes the answer. Line up naked like the rest! We strip one by one, pass up for inspection. I am tested and told to Cough! Cough again! And then, as something is written on my paper, to Pass along and dress! Take this report with you!" Nach viereinhalb Stunden auf der Insel verlässt er die „Hall of Tears", holt sich sein Gepäck und geht zur South Ferry.

Literatur
Teil 5

Holleufer, Henriette von, Between Nowhere and Somewhere: One Displaced Person's Odyssey to Freedom, in: Knauf/Moreno, Leaving Home (siehe Bibliographie Part 1), S. 219 ff.

Leggewie, Claus, Germany as an Immigrant Country, in Knauf/Moreno, Leaving Home (siehe Bibliographie Part 1), S. 241 ff.

Lemcke, Heinrich, Abfertigung in Castle Gardens, Husumer Wochenblatt, Mai 1886, zitiert nach Pauseback, Paul-Heinz Übersee-Auswanderer aus Schleswig-Holstein. Husum 2000, S. 91.

Lemcke Heinrich, Einwanderer auf Ellis Island, Die Gartenlaube, Leipzig 1897, Heft 40, S. 666-669.

Tebbens, Christoph, Tagebuch, transkribiert und online gestellt: https://www.heimatmuseum-leer.de.

Mitwirkende
Teil 6

Titellied (Intro): Burghard Bock, Bremen, und Monika Felsing, Bremen und Ober-Gleen. Erzählerin und Zeitleiste: Monika Felsing, Bremen und Ober-Gleen. Erzähler: Justus Randt, Bremen. Erzählerin und Zeitleiste: Barbara Schellhorn, Bremen. Zeitleiste: Regina Dietzold,

Bremen, Thoralv Dunkel, Bremen, Christine Renken, Bremen, Karoline Lentz, Bremen, Annegret Merke, Bremen und Helgoland. Robin Smolen: Britta Kluth, Bremen und Bremerhaven. Herbert Sondheim: als er selbst. Ernst Lothar Stern: als er selbst. Ruth Stern Gasten: als sie selbst. „Es Kälbche", oberhessischer Coversong von Monika Felsing zur Melodie des Klezmerstückes „Dos Kelbl" von Sholom Secunda (1940), gesungen vom Projektchor des Benefizkonzerts zugunsten von „Reporter ohne Grenzen" bei den Alsfelder Kulturtagen 2022 in Zusammenarbeit mit Walter Windisch-Laube von der Musikschule Alsfeld. Am Klavier: Veronika Bloemers. Mitgesungen haben unter anderem Hans-Peter Klein, Bianca Haarich, Arnulf Triebel, Helmut Meß, Elisabeth Wagner, Regina Weller, Peter Jerabeck, Claudia Munsch, Monika Felsing, Anna Thum und Rebekka Bachmann. Traditionelles Sabbatlied: Veronika Bloemers (Ober-Gleen/Frankfurt am Main) am Klavier. „Bulbes Song", Kartoffellied: ukrainisches, jüdisches Lied, Yale Strom (San Diego) auf der Violine, Nikolai Muck (Frankfurt am Main) auf der Gitarre, 2017 in der ehemaligen Synagoge von Ober-Gleen. Improvisationen aus dem Klezmer-Workshop 2019 in der Villa Ichon, Bremen, unter der Leitung von Yale Strom (San Diego/USA). Mitwirkende: Clive Ford, Edna Eversmeier, Till Eversmeier und David Hodgkinson von „Cladatje", Ortrud Staude, Burghard Bock von „Paradawgma" und Thomas Stapke. Beethovens Piano Sonate Nummer 3, Opus 2, gespielt von Henry Smolen, einem Enkel von Herbert Sondheim aus Ober-Gleen. Coversong „È Meening" (US-Hymne und Internationale): Monika Felsing und Regina Dietzold. Konzept, Regie, Schnitt und Montage: Monika Felsing. Aufnahmen: Justus Randt, Monika Felsing und einzelne Sprecherinnen und Sprecher.

Fußnoten
Teil 6

1934 – Lilo Goldenberg Family Collection auf https://archives.cjh.org. Mit der Familie von Norbert war ich vor Jahren in Kontakt, wie zu anderen Nachfahrinnen und Nachfahren jüdischer Familien aus Oberhessen. Näheres unter Collections, Periodicals, Aufbau auf https://www.lbi.org, aber auch auf der Seite von Alemannia Judaica den Beitrag über die Kestricher Synagoge.

Literatur
Teil 6

Lastoria e.V., Hörbuch „Jiddisch Leben", 6 CDs, 2018. Das Manuskript steht, auf Deutsch und Englisch, auf meiner Website. Siehe auch andere Bücher unseres Vereins.

Lowenstein, Steven M., Frankfurt on the Hudson: The German-Jewish Community of Washington Heights, 1933-1983, Its structure and Culture, Wayne State University Press 1989.

Schweitzer, Eva, Amerika und der Holocaust. Die verschwiegene Geschichte, München 2004.

Wepmann, Dennis, The Swinging Door – Changing Patterns in Contemporary American Immigration, in: Knauf/Moreno, Leaving Home (siehe Bibliographie Part I), S. 231 ff.

Wichmann, Manfred, Nothing Saved but His Own Life – The Banishment and Flight of the Jewish Lawyer Karl Rosenthal from Nazi-Germany, in: Knauf/Moreno, Leaving Home (siehe Bibliographie Part I), S. 211 ff.

Wüstenbecker, Katja, Deutsch-Amerikaner im Ersten Weltkrieg. US-Politik und nationale Identitäten im Mittleren Westen, Steiner Verlag, 2007.

Geschichtsverein Lastoria
Bremen

Unser 2008 gegründeter, eingetragener Bremer Geschichtsverein Lastoria macht Bücher wie dieses erst möglich. Der Erlös unserer ehrenamtlichen Arbeit kommt unserem als gemeinnützig anerkannten Verein zugute oder wird an andere soziale oder kulturelle Projekte gespendet. Unsere Aktivitäten sind ziemlich breit gefächert und meist mit großem Aufwand verbunden: Das ehrenamtliche Team von Lastoria hat seit 2008 unter anderem **drei Galas** mit Kleinkunst (Bürgerhaus Weserterrassen, Bremen) veranstaltet und zweimal den **Ernstpreis zur Erinnerung an Holger Ernst Riekers** an Kleinkünstlerinnen und Kleinkünstler vergeben. Unser Verein hat die **Wanderausstellung „Unser Astoria" mit Varieté-Vernissage** im Staatsarchiv Bremen in Eigenregie umgesetzt, **interaktive Buchpräsentationen** (Mehrgenerationenhaus und Gasthaus „Zum Stern", Ober-Gleen, und

Gleentalhalle Kirtorf, evangelisches Gemeindehaus Nieder-Ohmen, Hohhaus Museum, Lauterbach), einen **Olga-Irén-Fröhlich-Abend** auf dem Theaterschiff Bremen und **Konzerte** (Bürgerhaus Weserterrassen, Nachbarschaftshaus Helene Kaisen in Gröpelingen, Altes Fundamt Bremen, Cappella della Musica in Bremen, ehemalige Synagoge Ober-Gleen, Café Mutz in Niederursel, Budge-Stiftung in Frankfurt am Main). Wir haben eine **Lesung von Buddy und Gerti Elias** in Bremen ausgerichtet, am **Weidig-Wochenende** in Ober-Gleen und Kirtorf und an Stolperstein-Verlegungen mitgewirkt, **historische Vorträge** in mehreren Bremer Seniorenheimen ermöglicht und 2022 die **deutsch-niederländische Geschichtswerkstatt „Deutschland auf der Flucht. Exil in Amsterdam Zuid 1933-1945"** mit **Silten-Preis-Verleihung** in der Villa Ichon, Bremen, auf die Beine gestellt. Und das jeweils entweder allein oder in Kooperation mit Vereinen, Stolperstein-Initiativen, Privatleuten, Museen, Kirchengemeinden oder anderen. Wir stellen Rechercheergebnisse online, unterstützen die Recherchen anderer, wann immer möglich, und veröffentlichen **Bücher, Hörbücher und Podcasts** zur Geschichte und Gegenwart. Außerdem waren wir beim Ökumenischen Kirchentag mit einer Online-Buchpräsentation zur Agenda 2030 dabei und sind bei der **VHS Vogelsberg mit digitalen Kursangeboten** vertreten. 2020 hat die Wirtschaftsförderung des Vogelsbergkreises mehrere Bücher und CDs unseres Vereins als **„Vogelsberg Original"** ausgezeichnet. Zu unseren Schwerpunkten zählen Menschenrechte, Demokratie und, bei den hessischen Projekten, Mundart. **Netzwerken** ist bei uns Programm, **Mitmachen** auf vielfältige Art und Weise möglich.

Unsere Bücher
gestaltet von Wolfgang Rulfs

Monika Felsing (Hg), Unser Astoria, BOD, Norderstedt 2008. Das Buch über das einstige Bremer Varieté „Astoria", mit dem Schwerpunkt Nachkriegszeit. Zur Ausstellung gab es außerdem eine 60-seitige Broschüre.
dieselbe, **Künstlerleben in Hamburg und Bremen**, Bremen/Duisburg 2010, Auflage: 350.
dieselbe, **Die Waffen? Wieder?**, BOD, Norderstedt 2014. Auf der Basis meiner Magisterarbeit, die ich 1991 im Studiengang Fachjournalis-

mus/Geschichte an der Justus-Liebig-Universität Gießen vorgelegt hatte.

dieselbe, **Ober-Gleen, Band 1: Gliesbeurel inner sich**, BOD, Norderstedt 2013. Sprachführer mit Grammatik und Redewendungen der Owengliejer Mundart, Reiseführer durch ein oberhessisches Dorf. Worüber wird mit wem gesprochen und worüber geschwiegen? Was ist wichtig für ein gutes Leben? Was ist Not, was ist Glück? Ein Zeitzeugenprojekt des Vereins Lastoria, Bremen, zu dem es sechs CDs mit Statements und Musik gibt und das sich nicht auf dieses eine Dorf beschränkt, sondern auch hessische, deutsche, europäische und transkontinentale Geschichte und Gegenwart beleuchtet.

dieselbe, **Ober-Gleen, Band 2: Naut wie Ärwed**, Der Band über Haus- und Erwerbsarbeit, aber auch ehrenamtliches Engagement und Schulzeit. Norderstedt 2014.

dieselbe, **Ober-Gleen, Band 3: „Himmel un Höll"**, der Band übers Zusammenleben, Auseinanderleben und Überleben im 19. bis 21. Jahrhundert, BOD, Norderstedt 2015. Enthält unter anderem auch sieben Kapitel über Friedrich Ludwig Weidig, den Herausgeber des „Hessischen Landboten", und seine Familie. Armut, praktische Solidarität, Auswanderung, die beiden Weltkriege, den Holocaust, den Neuanfang der Vertriebenen, den Umgang mit Behinderten und Krankheiten, die sich verändernde Kindheit und sehr viel mehr.

dieselbe, **Ober-Gleen, Band 4: „Schbille gieh un feiern"**, der Band über die Geschichte des Feierns und der Mobilität, BOD, Norderstedt 2016. Vom Zufußgehen bis zum Raketenstart, vom regionalen Tourismus bis zum Urlaub in der Ferne, von der Geburtstagsfeier bis zur Kirmes mit Tausenden von Besuchern – auch diese Themen haben viele Faccetten. Umwelt-, Naturschutz- und Klimathemen gehören nicht erst heute dazu.

dieselbe (Herausgeberin/Übersetzung), **Ruth Stern Gasten, Zufällig Amerikanerin**, Norderstedt 2017. Die Lebenserinnerungen einer jüdischen Nieder-Ohmenerin, die in Livermore in Kalifornien unter anderem einen interreligiösen Gesprächskreis angeregt hat und sich für ein friedliches Zusammenleben und die Demokratie einsetzt.

dieselbe, **„Owengliejer Lirrerbichelche"**, Norderstedt 2018. Lieder im Ober-Gleener Dialekt zu Themen aus unseren Projekten.

dieselbe, **„Naue Lirrer"**, BOD, Norderstedt 2019. Neue Lieder im Dialekt und ihre Hintergründe.

dieselbe, „**Mir**", das Buch über das Grundgesetz, uns und Europa. Norderstedt 2020. Ein Dialektliederbuch zum Grundgesetz, zu Identität und zu Europa.

dieselbe (Herausgeberin/Übersetzerin), **Ruth Stern Glass Earnest, Das Türchen**, BOD, Norderstedt 2019. Die Kindheitserinnerungen einer jüdischen Diezerin, deren Mutter aus Ober-Gleen stammte. Ihre Familie konnte noch rechtzeitig in die USA fliehen.

dieselbe, „**O8/18. Ein hessischer Beitrag zur Rettung der Welt**" über die Agenda 2030 mit Mundart und beispielhaften Projekten aus ganz Hessen und Porträts von Menschen, die sich engagieren oder sich engagiert haben, BOD, Norderstedt 2020.

dieselbe (Hg./Übersetzung), **R. Gabriele S. Silten, „Zwischen zwei Welten"**, BOD, Norderstedt 2020. Die Kindheitserinnerungen einer jüdischen Berlinerin, die in Amsterdam im Exil war und als Kind Theresienstadt überlebt hat.

dieselbe (Hg./Übersetzung), **R. Gabriele S. Silten, „Ist der Krieg vorbei?"**, BOD, Norderstedt 2020. Die Nachkriegserinnerungen von R. Gabriele S. Silten.

dieselbe (Hg.), „**Du on ech**", über Kindheit in den Sechzigern und Siebzigern auf dem Land in Oberhessen, für Kinder von damals, von heute und morgen, BOD, Norderstedt 2021.

dieselbe (Herausgeberin), „**Deutschland auf der Flucht**". **Dokumentation der Geschichtswerkstatt** in der Villa Ichon, Bremen, 2022, und über die Verleihung des Silten-Preises an Schülerinnen, Schüler und Studierende, die sich mit Holocaustforschung befassen, BOD, Norderstedt 2023.

dieselbe, „**Bettys Nachbarn. Betty's buren**. Verfolgte im Exil in Amsterdam Zuid 1933-1945", BOD, Norderstedt 2023. Ein Gedenkbuch mit Hunderten von kurzen Porträts von deutschsprachigen NS-Verfolgten aus heutigen deutschen Bundesländern, aus Österreich und anderen Ländern Europas. Wichtige Quellen waren unter anderem Stolpersteinplattformen und Joods Monument (Niederlande).

dieselbe, „**Es woar èmo**", Oberhessische Mundartmärchen und wahre Geschichten im *Owengliejer Pladd*, unter anderem auch zu historischen und aktuellen Themen, die wir in unseren Projekten behandeln, BOD, Norderstedt, 2024. Die Märchen sind in meinem Blog zu hören, in dem auch der Podcast zu finden ist.

dieselbe, „**Es war einmal**", die hochdeutsche Version des Märchenbuches, BOD, Norderstedt, 2024.

dieselbe, „**Jetzt fahrn wir… Übersee. Auswanderung von Hessen nach Nordamerika im 19. und 20. Jahrhundert**", Dokumentation des Podcast, 2024.

dieselbe, „**Now we go… overseas**", die englische Fassung, mit Unterstützung von Susan Eldridge, geborene Badenhausen, wird voraussichtlich auf deren Website online gestellt – wie die sechs englischen Teile dieses Podcasts. In Arbeit.

Unsere Ortsuznamensbüchlein

Monika Felsing, 12 Ortsuznamensbichelchen, gestaltet von Werner Landwehr von der Reproanstalt Otto Landwehr, Bremen, 2020/2021. Zu diesen Minibüchern über die Ortsuznamen von etwa 100 hessischen Dörfern und Städten, versehen mit Gedichten, Erläuterungen und Illustrationen, gibt es unter anderem auch ein Memory, Einkaufsbeutel und Postkarten. Zu beziehen über unseren Verein.

Unsere Ausstellung

„**100 Jahre Astoria**", eine Ausstellung über das einstige Bremer Großvarieté, gestaltet von Werner Landwehr von der Reproanstalt Otto Landwehr GmbH, Bremen.

Unsere Hörbücher und Podcasts

Monika Felsing (Konzept), **Hörbuch Weidig**, CD, 2015. Und als Kurzfassung das Hörspiel Weidig, 2018, zu hören auf www.monikafelsing.de.

dieselbe (Konzept), Hörbuch „**Dè Easchde Krigg**", auf der Grundlage der Feldpost der Brüder Schneider aus Ober-Gleen aus dem Ersten Weltkrieg, CD, 2017.

dieselbe (Konzept), Hörbuch „**Jiddisch Leben**", 2018, sechs CDs, 2018. Das Konzept steht online, auf Deutsch und Englisch.

dieselbe, Podcast **Geschichtswerkstatt „Deutschland auf der Flucht**", drei Teile, zu hören in der Mediathek meiner Website.

dieselbe, Podcast „Jetzt fahrn wir... Übersee" über die Auswanderung aus Hessen im 19. und 20. Jahrhundert über Bremen und Hamburg, 2024. Die sechs Teile sind in meinem Blog auf www.monikafelsing.de über Stichwortsuche zu finden. Und über die QR-Codes.

dieselbe, Podcast „Now we go... Overseas", englische Version, in Zusammenarbeit mit Susan Eldridge, geborene Badenhausen.

Bild- und Textrechte

Die Fotos in diesem Buch stammen von den jeweiligen Familien, also unter anderem von Linda Silverman Shefler, Carolyn Schott, Robin Smolen, geborene Sondheim, Ruth Stern Gasten, Ernst Lothar Stern, Gabriele Gonder Carey und Susan Eldridge, geborene Badenhausen. Die Fotos vom Auswandererdenkmal in Bremerhaven und das Gruppenbild in Nieder-Ohmen 2019 hat Justus Randt aufgenommen, weitere Fotos stammen von mir beziehungsweise aus dem Fotoarchiv unserer Vereinsprojekte. Wir haben uns bemüht, Bild- und Textrechte abzuklären. Sofern wir Rechte verletzt haben sollten, so ist dies unbeabsichtigt geschehen, und wir bitten die Rechteinhaberinnen oder Rechteinhaber, sich mit uns in Verbindung zu setzen. Wir möchten darauf hinweisen, dass die Materialien zum gemeinnützigen Gebrauch verarbeitet worden sind und von unserem Geschichts- verein, Lastoria e.V., Bremen, mit diesem ehrenamtlichen Projekt keine kommerziellen Zwecke verfolgt. Alle Rechte vorbehalten. Öffentliche Aufführung, auch auszugsweise, nur mit Genehmigung von Lastoria.

Dank

Unser Geschichtsverein Lastoria dankt allen ehrenamtlich Mitwir- kenden dieses Projektes, sowohl in Deutschland als auch in den USA, sowohl Profis als auch Laien. Und den Familien, die uns über die Jahre Material zur Verfügung gestellt haben. Außerdem der Ahnenfor- scherin Susan Eldridge, geborene Badenhausen, die an der englischen Version mitgearbeitet und in Connecticut Regie geführt hat, und allen anderen, auf deren Recherchen wir aufbauen konnten, wie zum Beispiel Linda Silverman Shefler oder dem Team des Projektes „Reisende Sommerrepublik".

Bei der Arbeit an diesem seit 2023 transatlantischen Projekt habe ich auch Texte und Audios aus unseren ehrenamtlichen Projekten der vergangenen zehn Jahre verwendet. Einiges davon wieder zu lesen, manche vertraute Stimme wieder zu hören, hat mich sehr bewegt und mir Kraft gegeben. Gerade auch die Musik, ob aus der Ober-Gleener Synagoge, der Ober-Gleener Barockkirche, der Villa Ichon in Bremen oder von den Alsfelder Kulturtagen 2022, weckt wunderbare Erinnerungen. Thanks, Yale! Merci, Veronika! Danke auch an Burghard Bock, den Shantychor Bremen-Mahndorf und die oberhessische Blaskapelle „Herz 7", dass sie eigens etwas für das Projekt aufgenommen haben.

Dass Ruth Stern Gasten einige Passagen aus ihrem eigenen Buch für die englische Ausgabe des Podcasts gelesen und aufgenommen hat, ist für mich einer der Höhepunkte dieses Projektes. Erika Thies, die Ruth Stern Gasten und Sam Stone bei ihrem Besuch in Bremen zu sich eingeladen hatte, hat Ruth in der deutschen Ausgabe auf ihre liebenswerte Art vertreten. Es waren schöne Stunden vor und hinter dem Mikro an unserem Küchentisch, aber auch beim Probehören mit Regina, Barbara und Thoralv aus unserer Nachbarschaft – der gesellige Teil ehrenamtlicher Podcastarbeit.

Und die Arbeit nach der Arbeit am Manuskript ist die am Buch. Vielen herzlichen Dank an Wolfgang Rulfs, der es gestaltet hat. Eine Ansammlung an Seiten ist mit seiner Hilfe in einen Buchdeckel eingewandert, Buchstaben und Bilder sind dort angekommen, wo man sie lesen kann. Justus Randt danke ich fürs Zuhören, für Lesen und fürs Korrigieren, aber auch für seine Geduld und sein Verständnis. Meiner Mutter und allen anderen, die uns auf die eine oder andere Art unterstützt und begleitet haben.

Now We Go... Overseas!

Emigration from Hesse via Bremen to North America

Monika Felsing
Edited by **Susan B. Eldridge**

Based on a podcast of the Historical Society Lastoria, Bremen, in cooperation with volunteers in the United States and Germany.

Das Begleitbuch unseres englischen Podcasts.

Ergänzungen aus „Now We Go... Overseas"

Die englische Fassung unseres Podcasts und des dazugehörigen Buches ist nach der deutschen entstanden. „Now We Go... Overseas" enthält insbesondere im sechsten Kapitel einige Ergänzungen, die hier eingefügt werden, um die überarbeitete deutsche Neuauflage von „Jetzt fahrn wir... Übersee" zu vervollständigen. Beide Hörfassungen sind auf meiner Website im Blog zu finden.

Unter den Emigrantinnen und Emigranten der Nachkriegszeit waren die Schwestern Hilda und Karola Stern aus Nieder-Ohmen, die Auschwitz überlebt hatten und in Lagern für Entwurzelte, für Displaced Persons, in Österreich gewesen waren, aber auch Beate Stern (Bea Karp) aus Lauterbach in Oberhessen. Alle drei waren Vollwaisen, ihre Eltern und andere nahe Verwandte hatten sie im Holocaust verloren. Beate Stern und ihre kleine Schwester Susie waren von der jüdischen Kinderhilfsorganisation OSE aus dem Lager Gurs gerettet und bis Kriegsende in Frankreich versteckt worden. Die Holocaustbiografie "My Broken Doll", die Bea Karp gemeinsam mit ihrer Tochter Deborah Pappenheimer veröffentlicht hat, ist ihr Vermächtnis.

In den Vereinigten Staaten hat Hilda Stern Cohen 1946 ihre Cousine Ruth Stern, ihre Tante und ihren Onkel aus Nieder-Ohmen wiedergesehen, die vor dem Krieg in die USA geflohen und nach Chicago gezogen waren. Die 22-Jährige ging nach Baltimore - in die Stadt, deren Hafen im späten 19. Jahrhundert nach Ellis Island, New York, der zweitwichtigste Ankunftsort für die Emigration aus Deutschland in die USA gewesen war, einer der Zielhäfen für Dampfschiffe aus Bremen. Um 1880 stammten laut Wikipedia die meisten der etwa 10.000 Jüdinnen und Juden in Baltimore aus Bayern oder Hessen, das war 1890 etwa ein Viertel der rund 42.000 in Deutschland geborenen Bewohnerinnen und Bewohner der Stadt, in der damals insgesamt rund 365.000 Menschen lebten. In den Jahren der Naziherrschaft kamen etwa 3000 jüdischstämmige deutsche Flüchtlinge nach Baltimore, weitere nach dem Krieg.

Das Deutsche Auswandererhaus in Bremerhaven.

In Baltimore lernte Hilda Stern Werner Cohen kennen, einen Überlebenden aus Essen. Die beiden heirateten 1948, wurden Eltern dreier Töchter und Großeltern von elf Enkeln und einer Enkelin. Hilda lehrte jüdische Religion und lebte mit ihrer Familie nach dem orthodoxen Glauben. Wie ihr Mann legte sie Zeugnis von ihrer Verfolgung ab, aber erst nach ihrem Tod im Jahr 1997 fand Werner Cohen alte Schulhefte mit 150 Holocaust-Gedichten und Prosatexten auf Deutsch, die sie nach ihrer Befreiung geschrieben hatte. In Deutschland wurden sie unter dem Titel "Genagelt ist meine Zunge" (Nailed is my tongue) veröffentlicht. 2008 folgte das Buch "Words that burn in me. Faith. Values. Survival", kraftvolle Verse voller Schmerz, Verlust und Hoffnung, wie das Gedicht unter dem Titel "Heimat" (zitiert nach dem Hörbuch auf www.leafproduction.de, dort gelesen von der Schauspielerin und Sprecherin Lilli Schwethelm vom Mimikri Theater, Büdingen). Ein Wort, das emigrierten Deutschen so viel mehr sagte als Begriffe wie fatherland, home oder homecountry.

Heimat

Überall ist meine Heimat.
Überall mein rastlos Herz.
Überall sind meine Träume,
überall mit mir der Schmerz.
Überall kommen Nächte
täglich gleich auf mich herab.
Überall ist eine Sehnsucht.
Überall find ich ein Grab.

Die Erzählerin Gail Rosen aus Baltimore, die Hilda interviewt hatte, folgte ihren Spuren für den Dokumentarfilm "For tomorrow. Ich hoff auf morgen" von 2010, bei dem Eve Rennebarth in Europa und den Vereinigten Staaten Regie führte.

Nach dem Zensus von 2020 bildeten insgesamt 46,6 Millionen Menschen mit Wurzeln unter anderem oder allein in England, 45 Millionen Menschen unter anderem oder allein deutscher Abstammung und 38,6 Millionen Menschen unter anderem oder allein irischer Abstammung mehr als die Hälfte des Teils der US-Bevölkerung, der in der Statistik als ausschließlich weiß oder als weiß auch mit anderen Wurzeln (white alone or in combination) geführt wird. Etwa zwölf Prozent der heutigen US-Bürgerinnen und US-Bürger haben einen familiären Bezug zu Deutschland.

"How the United States Immigration System Works", wie das Einwanderungssystem der USA noch Ende 2024 funktionierte, war zu diesem Zeitpunkt auf der Website des American Immigration Council nachzulesen. Während die Gründe für globale Migration nicht weniger werden angesichts von Kriegen, Klimawandel, Hungersnöten, extremer Armut, Unterdrückung und Verfolgung aus politischen, kulturellen, rassistischen, sexistischen und religiösen Gründen, ist Einwanderung eines der Hauptthemen in politischen Debatten geworden, sowohl in den USA als auch in Deutschland und anderen Ländern. Mehr und mehr Beschränkungen werden von extrem rechten, aber auch von konservativen Parteien und ihren Wählerinnen und Wählern gefordert. Und wenn keine Mauer und kein Zaun errichtet wird, verlangen Populisten, dass einst offene Grenzen geschlossen und kontrolliert, Menschen zurückgewiesen, interniert und deportiert werden.

Der Versuch von Friedrich und Elisabeth Trump, geborene Christ, aus den USA zurückzukommen in ihr gemeinsames Heimatdorf Kallstadt im heutigen Kreis Bad Dürkheim, war 1905 an der Gesetzeslage gescheitert. Ihr Sohn Frederic, der bereits unterwegs war, ist deshalb wie seine beiden Geschwister in New York zur Welt gekommen anstatt in der Pfalz. Und sein Sohn Donald Trump, seit Januar 2025 zum zweiten Mal Präsident der Vereinigten Staaten, plant die größte Deportationswelle der US-Geschichte ("the largest deportation operation in American history"). Er nutzt den Alien Enemies Act von 1798, ein Gesetz, das zu Kriegszeiten die Deportation von Menschen aus Feindesländern erlaubt und die Internierung der japanisch-stämmigen Amerikanerinnen und Amerikaner während des Zweiten Weltkriegs ermöglicht hat.

Ruth Stern Gasten hat Brücken gebaut zwischen Menschen unterschiedlichen Alters, unterschiedlicher Herkunft, Ansichten, Religion oder Kultur, und wie ihr Vater Joseph Stern gehofft, dass die

Menschheit in der Lage ist, aus der Geschichte zu lernen. 2019 gab es eine Demonstration für die Liebe in Livermore im Tri Valley in Kalifornien, wo Ruth mit ihrem Ehemann Sam Stone, ihrer Familie und Freunden lebt. Ruth, die Holocaustüberlebende, die als Kind aus Deutschland fliehen musste und "Zufällig Amerikanerin (An Accidental American) wurde, hat einen Gesprächskreis für Menschen unterschiedlichen Glaubens mitgegründet. Als Demokratin und Menschenrechtsaktivistin, die für ihre Überzeugung einsteht, wurde sie gebeten, eine der Reden zu halten – im englischsprachigen Podcast ist das Audio zu hören, das sie mir damals gemailt hat. Ruth sprach über ihre Kindheit in Nieder-Ohmen, über Antisemitismus, Ausgrenzung und Verfolgung unter Hitler und über Menschen wie ihre Nachbarin Anna, die im Winter im Dunkeln mit dem Schlitten vor der Tür stand, um dem Kind eine Freude zu machen, unbeobachtet von denen, die sie hätten denunzieren können.

"My name is Ruth Gasten", hat sich Ruth vorgestellt. "I have the dubious distinction of entering the world's scene the same year as Adolf Hitler. He became chancellor of Germany and I was born in a tiny German village. My parents and I lived in a little cluster of farmhouses. As a small child I wandered from house to house, totally free. The front doors were open. I might help shell peas, sit next to a grandmother who was knitting and have her tell me a story or rub with the family dog. One day, the doors were closed. My mother told me it was because I was Jewish and Hitler had issued an edict: Christians were not to socialise with the Jews. I was confused and sad. But not everyone was intimidated. Soon, the heavy winter snow started falling. One snowy evening we heard a knock at the door. Our neighbor, Anna, stood there with her sled. 'As the Nazis keep me from sledding with Ruthie in the afternoon, lets go out now when no one is watching!' For the next two years, we went sledding in the moonlight. One of the few happy memories of my childhood. Fast forward to today. Like Anna, we are not intimidated. In the Tri Valley, we aren't shutting our doors on vulnerable people. We have a rally to say we honor diversity and value us all. I am happy to be part of it."

"Wie Anna haben wir keine Angst", sagte Ruth. "Im Tri Valley schließen wir unsere Türen nicht vor Menschen, die unsere Hilfe brauchen. Wir demonstrieren, um die Diversität zu ehren und aus gegenseitigem Respekt. Ich bin glücklich, ein Teil davon zu sein."

Und, das als Ergänzung der Ergänzung, es ist Glück, Menschen wie Ruth und Sam zu kennen.

Nachwort

Das war eine Erfahrung, wenn nicht sogar ein Abenteuer. Als wir unser Podcast-Projekt über die Auswanderung aus Hessen gestartet haben, konnten wir nicht ahnen, wohin es uns führen würde. Allerdings haben wir in all den Jahren der ehrenamtlichen Arbeit für unseren Geschichts- und Kulturverein Lastoria, benannt nach dem einst berühmten Bremer Großvarieté Astoria (1908-1968), nie gewusst, was aus einem Projekt werden würde. Es war immer eine Reise ins Unbekannte, zu Ufern, von denen wir noch nie gehört hatten. Und das ist Teil der Motivation.

In all unseren ehrenamtlichen Projekten retten wir Erinnerungen und bringen Menschen zusammen. Wir kooperieren mit anderen, die recherchieren, mit Privatleuten und Institutionen, und teilen die Ergebnisse unserer ehrenamtlichen Arbeit mit der Öffentlichkeit, in Büchern, in Hörbüchern, in meinem Blog, in Workshops, in Vorträgen und in diesem Podcast. Zweifellos hat die Vergangenheit einen Einfluss auf unsere Zeit und auf die Zukunft, und es gibt mehr zu lernen, als wir uns erträumt haben. Es ist eine Reise, und es gibt keine Rückkehr, weil wir uns selbst verändern, während wir uns einer Arbeit wie dieser widmen. Einer Arbeit, die mit Menschenrechten und Demokratie zu tun hat, einer Arbeit, die mit der Frage verbunden ist, wie wir leben wollen und wie wir miteinander umgehen.

Ideale sind wie Sterne – das sind sie wirklich. Und während auch wir unseren Kurs nach ihnen ausrichten, können wir eine Menge über uns selbst und über andere lernen. Wenn es gutgeht, lernen wir, wieder zuzuhören, über das nachzudenken, was wir gehört haben und auf eine humane Weise darauf zu reagieren. Dieses Abenteuer endet nie. Wer dabeisein möchte, ist willkommen.

Monika Felsing
Geschichtsverein Lastoria e.V.
www.monikafelsing.de
Frühling 2025